数字化生活新趋势

短视频+直播

内容创作、营销推广与流量变现

周英英 著

電子工業出版社
Publishing House of Electronics Industry
北京 · BEIJING

作 者 寄 语

亲爱的伙伴，我叫周英英，花名“默姐”，非常开心能够以这本书与您结缘。我是一个在互联网行业奋战了 13 年的电商“老兵”，历经这十几载，我深深感受到，时代在飞速发展，互联网也一直在飞速变化。从 2008 年在淘宝开自营店，到 2014 年开始从事淘宝培训和代运营，我一直都在朝着一个方向而努力，那就是不断获取新流量。

在 2018 年的时候，我在抖音平台无意间发布了一个作品，一下有了 1500 万次的播放量，一天涨粉 28 万人，微信加爆 500 人，这让我深深感受到短视频的威力。随后我开始潜心投入短视频领域，开始去研究作品创作、数据运营和直播带货，两年时间我创下了千万元的变现成绩。在本书中我将与你分享我的短视频和直播营销战略，希望你能有所收获!

不论你从事什么行业，“短视频+直播”在未来不仅是趋势，更是必备的技能。所以无论你在哪一个领域，要介入“短视频+直播”，默姐总结了以下几条必备思维:

用传统思维做好产品;

用媒体思维做好作品;

用微商思维做好团队;

用电商思维做好运营;

用社交思维做好营销;

用视频思维做好品宣;

用直播思维批发成交。

前　言

“短视频+直播”近两年来备受关注，短视频营销和直播带货的结合让很多人看到了其中的商机。尤其是在疫情的影响下，线下商业活动难以开展，许多商家和个人都开始转战线上，这让原本就欣欣向荣的“短视频+直播”更是风生水起。

然而，运营者想通过“短视频+直播”的方式实现变现并非易事，如何才能在激烈的竞争中获得成功？如何策划短视频？如何进行内容创作？如何运营短视频？如何实现更好的短视频营销效果？如何通过直播实现变现？……这些问题都是运营者需要认真思考的。

运营者需要先进行短视频策划，明确短视频的定位，在进行内容创作时，也要保证内容有价值、有趣味、有正确的价值观。短视频的发布渠道很多，不同的发布渠道有不同的优势，运营者要根据短视频内容选择适合的发布渠道。直播是实现流量变现的核心，要想提升直播变现的效果，运营者需要采取有效的直播策略。此外，流量是变现的基础，运营者需要借助优质内容、当下热点和各种活动等吸引粉丝，同时通过持续的内容输出和互动留存粉丝，培养铁杆粉丝。

要实现流量变现，运营者需要做好“短视频+直播”的推广和引流。优质的内容是短视频推广的天然动力，同时运营者也需要通过线上线下多种方式进行联合推广。在引流方面，短视频平台、直播平台、社交平台等都是有效的引流渠道。

在流量变现方面，直播带货无疑是效果最好的变现手段，运营者可以自建品牌，开设线上店铺，也可以与品牌合作推出联名产品。同时，当短视频账号在发展、成熟的过程中逐渐形成 IP 后，会具有更大的变现价值，知识付费变现、周边产品变现、广告变现等都将成为现实。

当前，“短视频+直播”蕴含着极大的潜力，能够帮助运营者挖掘更多的流量红利。因此，运营者一定要抓住这一风口，通过流量的持续变现创造更多收益！

目　录

第 1 章

短视频+直播：挖掘时代风口上的流量红利

在如今这个众多行业普遍“遇冷”的当口，短视频行业却迎来了快速发展，腾讯、阿里巴巴、百度相继在短视频行业进行布局，使得短视频行业的竞争日益激烈。要想从激烈的竞争中脱颖而出，把握好短视频的新风向十分重要。为此，运营者需要了解短视频行业的生态概貌。随着直播行业的发展，短视频与直播的结合也愈加火热，“短视频+直播”成为吸引流量的风口，两者的结合能够充分发挥彼此优势，更具竞争力。

1.1　短视频是直播流量冷启动的来源

和直播相比，短视频内容突出、时间短，能够快速吸引关注，更符合人们碎片化的观看习惯，更容易吸引流量。短视频是为直播引流的有效手段。在“短视频+直播”的组合玩法中，二者有不同的作用，短视频负责“种草”，直播负责“拔草”，二者结合能够产生更好的带货效果。

1.1.1　短视频负责“种草”，直播负责“拔草”

对于电商带货来说，直播已经成为“标配”，同时，短视频“种草”逐渐成为直播带货的“标配”，短视频和直播两种形式互为补充，互相加持，能够体现更大的价值。“种草”与“拔草”是一种比喻的说法，“种草”即将好的产品推荐给消费者，使其对产品产生购买欲望；“拔草”即引导消费者购买产品，通过购买产品使消费者心中的购买欲像拔草一样被满足。

例如，快手就是通过“短视频+直播”的方式，将“种草”与“拔草”的过程放在同一平台中，发展成为“短视频+直播”平台。在快手上，很多运营者都会在直播前发布短视频进行“种草”预告，吸引更多的消费者进入直播间，再用直播实现“拔草”，进而变现。

同时，淘宝直播也在积极进军短视频领域。2020 年初，淘宝直播上线了短视频玩法，推出了年货节短视频和“翻转摄像头”话题活动等。

为什么淘宝直播会进军短视频领域？其目的就在于以短视频帮助运营者吸引更多消费者，同时打造 IP。快手在这方面无疑是先驱，它构建了基于信任关系的社区氛围，信任关系是带货的重要基础，因此许多快手上的运营者都具有很强的带货能力。同时，快手中许多运营者的“人设”都十分鲜明，更容易成长为 IP。

社区化也是淘宝直播发展的方向，而上线短视频功能就是其重要举措。短视频功能上线后，运营者可以发布“种草”短视频（如直播预告短视频、个人短视频等），这样不仅能够吸引更多消费者关注直播，还能够展现运营者个性，有利于运营者个人 IP 的打造。

“短视频+直播”是大势所趋，短视频负责“种草”，直播负责“拔草”，这样能够取得更好的带货效果。消费者可以利用碎片化时间观看短视频，因此短视频能够为更多消费者“种草”，为直播吸引更多流量，同时，直播也能够为更多的消费者“拔草”，取得更好的带货效果。

对于运营者而言，“短视频+直播”既是机遇也是挑战。运营者不仅要懂得短视频的创作技巧，还要具备直播的能力，同时，要将二者进行结合，以吸引更多的消费者，进而实现流量变现。

1.1.2　短视频优势明显，适应快视频消费的趋势

短视频是在长视频发展的过程中衍生出来的。虽然短视频与长视频之间存在许多共同点，但随着短视频的不断发展，它逐渐形成了自身的优势。短视频的优势主要体现在以下两个方面。

1. 时长短，观众可快速进入、快速离开

短视频的时长较短，能够吸引更多的观众利用碎片化时间观看。相比长视频而言，短视频的观众流动性更大，这能够推动短视频的传播，使短视频触及更多观众。

2. 更新速度快，快视频消费时代来临

由于短视频的时长较短，制作较为简单，往往更新速度也较快。快速更新、快速传播的短视频有利于产品的曝光和销售。同时，随着生活节奏的不断加快，消费者的消费速度也在不断提升，短视频的出现，为消费者提供了全新的消费途径，更能满足消费者的消费需求。

短视频带货兴起，引起产品销售的新潮流，以短视频的方式凸显内容，使消费者可以在短时间内了解产品及相关的企业文化，做出购买决策。这提高了消费者购买产品的效率，形成了一种快消费模式。

1.1.3　“短视频+直播”打造营销闭环

短视频“种草”与直播“拔草”的连接能够打造出营销闭环，更好地实现产品销售。相比于直接的直播带货，短视频“种草”和直播带货的结合能够发挥更大势能。

短视频“种草”这一环节是十分重要的，是消费者形成产品认知的关键环节。短视频“种草”是对消费者的一种引导，通过多样化内容引导消费者对产品产生情感认同，促进消费者从“种草”向“拔草”转化。

如何玩转“短视频种草+直播拔草”？在“种草”与“拔草”的不同阶段，运营者需要做的工作也不同。

在短视频“种草”阶段，运营者需要思考以下几个问题。

（1）选择什么样的产品？产品的自身因素极大地影响“种草”的效果。在品类选择方面，食品类、服饰类、美妆类等品类的产品更受消费者青睐。同时，在选择产品时，也要保证产品的质量并明确产品的卖点。

（2）“种草”的对象是谁？“种草”的对象即产品的目标用户，运营者需要从产品出发，分析产品的目标用户是哪些群体，以及目标用户的痛点和痒点是什么。例如，运营者选择的产品是某品牌的一款代餐产品，其目标用户就是想减肥的“吃货”，而目标用户的痛点是“爱吃又怕胖”，痒点是“做健康、身材好的人”。了解目标用户的痛点和痒点后，运营者才能够更有针对性地设计短视频的内容。

（3）在哪里“种草”？运营者需要选择合适的平台“种草”，抖音、快手、哔哩哔哩（以下简称 B 站）、小红书等都是适合进行短视频“种草”的、拥有巨大流量的平台。

（4）用什么样的方法“种草”？为了起到更好的效果，运营者也需要掌握有效的“种草”方法，突出产品的卖点。例如，当产品为某明星同款时，运营者需要在短视频中突出“明星同款”这一卖点；也可以从产品成分入手，将产品富含的某一成分作为卖点，如富含氨基酸的洗面奶等。

在直播“拔草”阶段，运营者最需要思考的就是如何提高直播的转化率，为此运营者需要做好以下两个方面的工作。

首先，要在直播中突出产品优势。通过短视频“种草”向直播“拔草”进军的消费者往往对于产品已有初步的了解，其对产品是存在需求的。为了进一步激发消费者的购物欲望，运营者需要在直播阶段进一步强调产品的优势，如质量有保证、功效明显等。如果产品与同类产品相比存在价格优势，运营者也需要将这种价格优势表现出来，以突出产品的性价比。

其次，适当地开展一些优惠活动能够有效地激发消费者的购物欲望。运营者可以在直播间发放一些产品的优惠券。

短视频“种草”与直播“拔草”的结合能够建立“引流+带货”的营销闭环，短视频的精准引流能够提高直播的转化率。运营者要想挖掘短视频领域的流量红利，就要做好引流和流量变现两方面的工作。

1.1.4　短视频和直播成为黄金拍档

短视频和直播都曾经历过火热发展的阶段，两者各有优势和不足，而两者的结合能够更大地发挥双方的优势，弥补彼此的不足，实现“1+1>2”的效果。

相比短视频，直播的互动性和社交性更强。短视频主要是以内容吸引流量，用户可能通过短视频对产品或人产生好感，所以短视频是打造人设的基础，也是最好的人设建立方式。过去买产品看“货”，在直播领域买产品更多的是看“人”。只有消费者喜欢，他才会参与到直播中来，与运营者进行互动和交流，同时，多样化的直播模式也满足了消费者的社交需求。此外，直播的变现方式较多，与短视频相比变现更为容易。

直播的不足体现为内容的同质化，难以吸引大量关注，而短视频内容可融合技能分享、街头采访、幽默搞怪、公益教育、社会热点等多种主题，能够吸引更多流量。同时，相比直播，短视频制作对表达形式没有特别要求，制作流程相对简单，内容表达更加自由。

短视频和直播无疑是一组黄金拍档，短视频可以弥补直播内容同质化的不足，用丰富多样且传播速度快的内容为直播引流。同时，直播在产品展示、试用及与消费者互动方面极具优势，能够让消费者更直观地了解产品，弥补了短视频在流量变现方面的不足。二者的结合可谓强强联手，相得益彰。

“短视频+直播”带货已成为大势所趋，主要表现在以下几个方面。

首先，随着抖音、快手等平台的崛起，其聚集的流量也越来越多，流量变现是平台的需求，也是用户的需求，为此，抖音、快手等平台纷纷上线了直播功能，助力流量变现。

其次，“短视频+直播”领域的入局者越来越多。抖音、快手等短视频平台发展为短视频直播平台，淘宝、京东等电商平台也纷纷开通了直播功能。此外，越来越多的明星和企业也进入这一领域，许多明星入驻了抖音、快手等平台，许多企业和商家都通过短视频或直播销售产品。

再次，“短视频+直播”为新零售带来了新的发展机遇。“短视频+直播”带货打通了线上和线下销售，线下实体店可以通过短视频和直播更好地实现线上销售，农民也可以通过短视频和直播销售农产品。

最后，“短视频+直播”对于商家和消费者而言都是十分有利的，因此受到了二者的青睐。对于商家而言，“短视频+直播”能够更好地实现引流和产品销售，能够提高产品销售的效率和产品的整体销量；对于消费者而言，“短视频+直播”能够让其更全面地了解产品，同时，实时的沟通、交流也能够带给其更好的购物体验。

1.2 搭建闭环式内容生态系统

在“短视频+直播”发展的过程中，各短视频平台也致力于打通内容创作、传播、引流、变现之间的连接通道，以搭建闭环式内容生态系统。

未来，每一个企业都需要把直播当作销售的一种必备方式，把直播当作成交工具，把平台当作流量工具，实现完整的 4 大商业闭环：电商衍生品牌，短视频获取流量，直播转化成交，微信流量裂变。

1.2.1 京东“618”：玩转“短视频+直播”

2020 年，“短视频+直播”成为新时代的流量风口，也成为京东“618”的最大看点。6 月 18 日当天，京东展示了“618”数据大屏，从 2020 年 6 月 1 日 0 点到 6 月 18 日 9 点 47 分，累计下单额达到 2284.88 亿元，打破了 2019 年“618”大促 18 天 2015 亿元的纪录。京东打破 2019 年下单额纪录的背后，离不开“短视频+直播”的助力。

作为头部电商平台，京东积极在“短视频+直播”领域布局。在短视频方面，京东积极寻求合作。5 月 27 日，京东与快手进行合作，双方在京东“618”期间推出“双百亿补贴”，同时在 6 月 16 日启动京东快手品质购物专场。消费者可以通过快手小店购买京东的自营商品，也能够享受京东商城的配送、售后等服务。

在直播方面，京东推出“草莓音乐节”“总裁价到”等直播活动，在“618”期间，有数百位明星通过京东直播和粉丝进行互动，为粉丝做好物推荐并发放各种福利。而京东重磅推出的“总裁价到”活动，邀请了 500 余名企业高管上场，华为、海尔等企业的总裁纷纷加入“高管直播秀”。

在一系列举措的推动下，京东直播带货的销售额在 2020 年“618”期间获得了爆发式增长，6 月 18 日当天开场 2 分钟后，京东直播带货的销售额就突破亿元大关，从 6 月 1 日至 17 日，有十余个直播间销售额破亿元，数十个直播间销售额破千万元。

京东在“短视频+直播”领域的布局，与其“在下沉市场再造一个京东”的战略目标紧密相连。尤其是京东与快手的合作，京东曾表示，之所以与快手合作，就是因为瞄准了快手的下沉流量，快手拥有近 3 亿日活用户，主要分布在三四线城市，与其合作会大大加强京东对下沉市场的覆盖力度。

此次“618”购物节中，在京东和快手“双百亿补贴”的助推下，6 月 16 日的京东快手品质购物专场异常火爆。许多明星、快手达人都在快手带货京东商品，单日直播带货销售额突破 14.2 亿元。

短视频营销和直播带货好处多多，能快速提升销量。在此次“618”购物节中，京东“短视频+直播”的销售模式给广大消费者带来了更直观的购物感受。“短视频+直播”的生态模式是京东“618”的一次营销创新。

1.2.2 抖音、快手：逐步完善的闭环式内容生态系统

随着短视频与直播结合的日益紧密，抖音、快手短视频平台也纷纷开通了直播功能，为用户开展直播带货提供支持。同时，用户也可以在抖音、快手上开通自己的小店，建立线上交易闭环。

抖音更擅长营销玩法，社区氛围较弱，知名品牌商或网红达人、MCN 机构的签约红人是平台上主流的带货者类型。快手以原生带货达人为主，他们往往在线下经营着自己的生意，拥有自己的供应链，借助快手实现线上销售，以扩大客群覆盖范围。快手也招揽了许多明星和商家入驻，借此拓展用户边界。

目前抖音可跳转的第三方电商平台包括淘宝、京东、唯品会、苏宁易购等；快手可跳转的第三方电商平台包括淘宝、拼多多、京东等。另外，抖音和快手也搭建了抖音小店、快手小店这类自建渠道。

此外，2020 年“618”大促前夕，快手与京东达成战略合作。双方在供应链方面展开了合作，京东优势品类商品进驻快手小店，快手用户可以直接在快手小店中购买京东自营商品，进行物流查询、售后反馈等一系列操作，无须跳转到京东平台。这无疑为用户在快手上形成交易闭环提供了基础。

1.2.3 抖音小店：高效的变现工具

抖音在短视频平台中有很高的地位，平台的直播带货能力也十分强悍。目前，抖音开通了抖音小店的功能。抖音小店是抖音开发的电商平台，功能和淘宝等类似，是抖音开放给用户的电商变现工具，可帮助用户拓宽变现渠道，提升流量价值。用户可以上传自己的商品到商品橱窗，其他用户可通过浏览相关视频或主页查看商品并进行购买。

抖音小店是高效的变现工具，主要体现在以下两个方面。首先，开通抖音小店后，用户可以上架多种商品，方便他人购买；其次，抖音小店可以在抖音、抖音火山版、今日头条等一系列头条系应用的个人主页中展现，实现多渠道变现。抖音小店也有完善的商品展示、咨询、销售等功能。

“喜哥喜嫂海鲜”是抖音上知名的带货达人，通过开通抖音小店实现了变现。“喜哥喜嫂海鲜”发布短视频的时间并不长，其第一条短视频发布于 2019 年 5 月，目前已发布了四百余个作品，吸引了四百余万粉丝，如图 1-1 所示。

图 1–1　“喜哥喜嫂海鲜”抖音账号

“喜哥喜嫂海鲜”的短视频内容以吃海鲜为主，借此来销售自己的产品，大龙虾、海蜇皮、面包蟹等都是短视频推销的主要商品。

“喜哥喜嫂海鲜”的初心就是把当地的优质海鲜以低价分享给全国各地的消费者，其在进行直播带货的同时始终坚持保证产品的质量。

“喜哥喜嫂海鲜”的直播带货得到了许多消费者的支持，往往单场直播的销售额就能够突破万元。

从“喜哥喜嫂海鲜”的案例中可以看到，“短视频＋直播＋抖音小店”的形式能够实现变现，“短视频＋直播”带货蕴含着巨大商机。

第2章

短视频策划：新、奇、快

运营者要想成功地将短视频内容推广出去，首先要找准短视频的内容定位。对此，运营者应先了解目标群体的痒点与痛点，为自己的账号贴上相应的个性化标签，将账号内容垂直于目标群体的需求纵向发展，以获取更高流量。在对目标群体与自身账号有明确定位的前提下，生产的短视频内容才能够更贴合目标群体的需求，聚焦其目光。

短视频的策划有三大要求：新、奇、快。“新”指的是短视频的内容要有创新性；“奇”指的是内容的切入点要足够奇特；“快”指的是要把握短视频的节奏。满足了这三个要求，才能保证短视频内容的质量。

2.1 主题定位：从“颜值派”转向“内涵派”

如何定位短视频的主题？在短视频诞生之初，许多运营者都十分重视短视频的“颜值”，通常会选择长相出众的演员出演短视频，但随着短视频领域竞争逐渐激烈，内容逐渐成为更核心的竞争力，“颜值派”短视频纷纷向“内涵派”转变。内容是短视频创作的核心，只有内容质量过硬才能吸引相应的目标群体，否则只能淹没在短视频海洋中。

2.1.1 内容主题切中个性和趣味性

在快消费时代，产品的种类日益增多，琳琅满目的产品让消费者眼花缭乱，与此同时，消费者的需求也在日益增长，越来越多样化。在这种情况下，能够体现个性和趣味性的产品更受消费者的青睐。

这一现象也体现在“内容”这一战场上。随着短视频的发展，其内容越来越纷繁杂乱，观众越来越渴望看到具有个性和趣味性的优质内容。细数那些备受观众喜爱的短视频作品，其内容都极具个性和趣味性。

例如，papi 酱之所以能够凭借原创短视频走红网络，原因就在于其视频内容极具个性和趣味性。papi 酱的短视频大多聚焦时事热点和人们现实生活中的真实情景，深入挖掘“槽点”，通过对生活中普遍存在的问题的吐槽引发人们的共鸣。

papi 酱的视频不是为了吐槽而吐槽，而是表达出了很多人的心声，尤其戳中了当下很多年轻人“内心深处对人生真相的凝视”的需求。这种直击内心的内容满足了人们的个性化需求，同时，papi 酱对于时下热点和生活现象的犀利吐槽和分析、生动的表演等都体现了短视频的个性。

例如点击率极高的《男性生存法则》系列，在《男默女泪》这一期短视频中，papi 酱站在女性的角度，对女性和男性对于事物的看法如此不同，且男性总是无法明白女性的想法这一生活现象进行了言辞激烈的吐槽。这种现象在生活中十分常见，同时 papi 酱用鲜明犀利的言辞说出了很多女性的心声，引发了很多女性的共鸣。找准“槽点”进行吐槽并引发人们共鸣无疑是 papi 酱短视频的个性。图 2-1 是 papi 酱的周一放送节目《男性生存法则之男默女泪》。

除此之外，papi 酱的短视频也极富趣味性。papi 酱的吐槽虽言辞犀利但也风趣幽默，再配上她充满趣味性的声音和生动的表演，大大增加了短视频的趣味性。

papi 酱的短视频所体现出的个性和趣味性是其成功的重要因素。对于其他短视频运营者也是如此，体现出个性和趣味性的短视频更能吸引人们的关注，因此，运营者在策划短视频主题时，要选择个性化和富有趣味的主题。

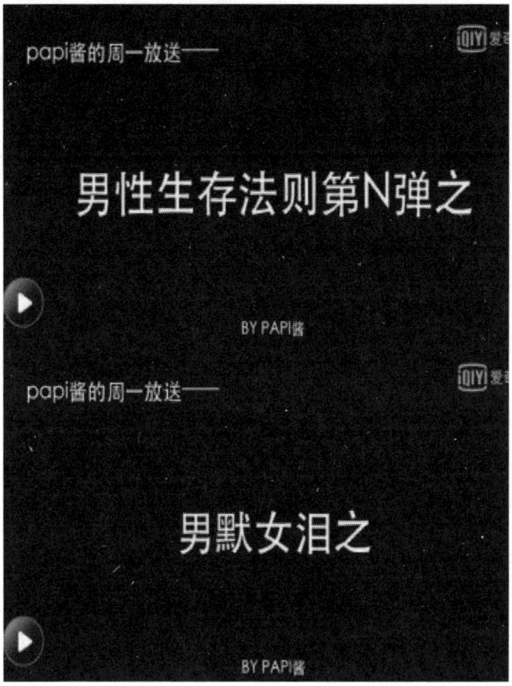

图 2-1 《男性生存法则之男默女泪》节目截图

2.1.2 挖掘热点，深入表现

如今，在内容创作领域，已经形成了“谁抓住了热点，谁就可以抓住流量”的现象，与热点相关的内容总是可以吸引最多的目光。

运营者应如何跟踪热点呢？最关键的就是多关注一些展现热点的平台，例如百度、微博、今日头条等。

除此以外，还必须做好热点的选择。要想让短视频获得更好的推广效果，就必须选择有价值、有传播性，可以快速在人们之间造成影响的热点。选择好热点以后，运营者还需要对其进行深入挖掘，并在此基础上与短视频内容进行结合。通常情况下，热点与内容结合的方法包括以下几种，如图 2-2 所示。

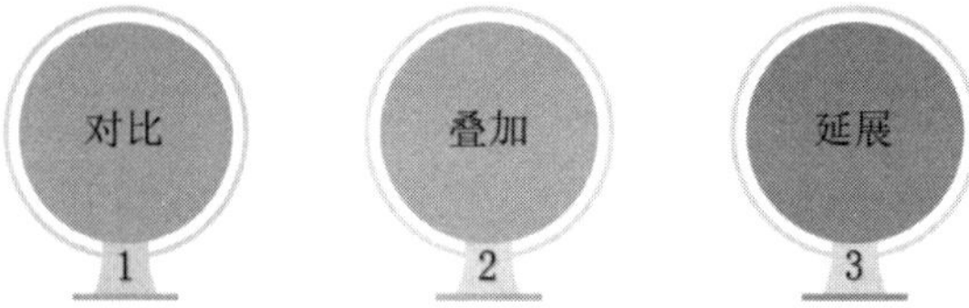

图 2-2　热点与内容结合的方法

1. 对比

热点虽然有比较强的时效性，但是不同阶段的热点很可能具备一定的相似度。在这种情况下，运营者就可以将最近的新热点与过去曾经引起过广泛讨论的旧热点进行对比，从而为人们营造一种暖心的回忆感。另外，对新热点和旧热点进行对比还可以让运营者在内容上进行更加深入的挖掘。通过对比的形式，探讨某类事件频频出现的根本原因，从而向人们传达更加有价值的观点和见解，并获得其认同。

2. 叠加

有时，一个热点可能无法带来太高的关注度。因此，为了能够进一步扩大传播范围，运营者也可以采用叠加的方法，即选择两个本来没有直接关系的热点，然后找出其中的内在连接点，从而使其连接在一起。

将热点进行叠加，一方面可以吸引更多人的关注，另一方面也可以使短视频内容更加富有吸引力。一般来说，热点爆发时，立刻就会涌现出一大批同类的短视频，运营者要想从中脱颖而出，就必须要展现创意。只有这样，才可以让人们在观看短视频以后留下深刻印象，从而达到良好的营销效果。

3. 延展

一个热点的爆发，背后所体现的不仅是热点本身，还有更加深刻的内涵。运营者对一个热点进行延展性思考的过程，其实就是一个深度挖掘的过程。在这个过程中，运营者必须准确找到更有特色的切入点，才可以让最终完成的短视频与众不同。

创作内容时，跟踪热点、深入表现是非常关键的一个环节。要把这个环节做好，除了必须经常关注一些可以展现热点的平台，还需要掌握热点与内容结合的方法。热点与内容结合好了，才能够提升短视频内容的质量。

2.1.3　打造鲜明的短视频标签

在策划短视频主题时，为短视频打造鲜明的标签也是十分重要的。标签能够加深观众对于短视频的印象，也能够鲜明地体现出短视频的主题。

对于短视频而言，标签能够细化短视频的分类，同时也是一个鲜明的记忆点。为短视频打上标签，也就为短视频增加了记忆点，使其给观众留下深刻的印象。

标签能够从某一角度细化短视频主题，加深观众对于短视频主题的认知。例如，papi 酱的短视频就有很多不同的系列，包括男性生存法则系列、影评系列、明星系列等，而“男性生存法则”“影评”“明星”等都是十分鲜明的标签，能够体现出短视频的主题。

同样，运营者在为短视频打造标签时，可以根据短视频的分类将其划分为不同的系列。例如，如果运营者的短视频内容以推荐服装为主，那么就可以将其划分为春季新品系列、夏日穿搭系列、配饰搭配系列等。

在打造标签时，运营者应注意两个要点。首先，短视频的标签是固定的，一旦确定就不能更改，因此运营者要深思熟虑。重复出现的标签能够加深观众的认知，而如果随意更改标签就容易使观众产生混乱感。其次，短视频的标签必须与其内容相关联，便于观众将该标签与短视频内容进行联系。

标签被不断重复，给观众留下的印象也会逐步加深，这能在很大限度上加强观众的黏性。同时，标签与主题紧密相连更利于短视频的推广，有助于获得更高的话题度。

2.2 如何打造极具个性的短视频

在目前短视频平台大火的情况下，要想在众多短视频账号中脱颖而出，就离不开原创、优质的内容。行业竞争最激烈的部分，也是短视频输出最精髓的部分，想要在内容上取胜，达到后来居上的目的并不容易。打造极具个性的短视频才能使其吸引更多观众的目光。

2.2.1 深度垂直，注重细节

运营者创作短视频的目的不仅在于吸引观众，更在于留住观众，具备垂直性、有深度的短视频内容能够更好地吸引和留存观众。这种深度指的是在某个领域内的深入挖掘。

内容流于表面的短视频的制作较为容易，但也很容易被替代，难以沉淀观众，而如果运营者专注某一领域，不断地在这一领域深耕，就会提升短视频的专业性，提升短视频的价值。要想让短视频内容深度垂直，就要注重细节。细节决定成败，运营者把握好了短视频的细节，就会让观众感受到其用心，从而产生认同感。

一款名为“小情书”的情感类短视频账号为观众打造了清新自然的爱情故事，并相继推出了唯美纯爱系列和奇幻魔法系列两个主题的情感类短视频，受到了很多年轻观众的喜爱。

该类短视频以“都市人的情感孤独”为突破口，为目标人群量身定制了“睡前故事”式的情感视频节目，唯美的画面、感人的情节更是触动了观众的心弦。

该档节目的主题非常明确：“以影像作为爱情最好的情书”。节目内容精准锁定目标人群的需求，例如：《异地恋最温暖的瞬间》记录异地恋情侣在距离和等待中恋爱的艰辛；《有些人一辈子不会在一起，却一辈子在心里》则是追忆校园时代青涩的暗恋经历；《我的鱼系女友》则表现了主人公和女友之间甜蜜的恋爱故事。

除了这些独立成篇的作品，在系列内容的打造上“小情书”也取得了不俗的成绩。在第二季的节目中，“小情书”推出了《那年初夏》系列短视频，聚焦青春校园爱情和毕业之后的人生抉择，如图 2-3 所示。

图 2-3 《那年初夏》系列短视频截图

《那年初夏》系列短视频因其精心的编排和细腻的情感表达，引起了不少已经毕业的大学生对于校园生活的回忆。短视频一经推出就取得了不错的反响，单集短视频的播放量超过 400 万次，并且在每集的评论区中都会有不少网友留下对剧情的热评和对下集短视频播出的期待，如图 2-4 所示。

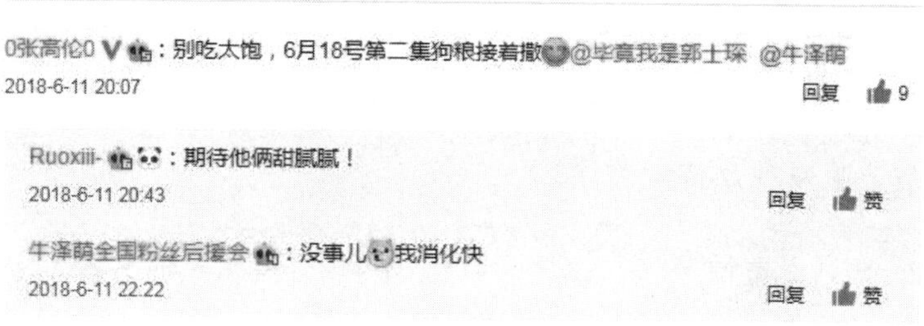

图 2–4 对《那年初夏》系列短视频的评论

短视频情节联系紧密，人物性格鲜明突出，这使得观众有很强的代入感，无论是学生时代"以朋友的形式爱一个人"，还是"毕业之后可不可以不分手"，这类话题非常贴近观众生活，很容易引起观众的共鸣。当然，系列短视频的制作模式也是该节目能获得大量关注的关键因素。系列短视频制作的注意事项如图 2-5 所示。

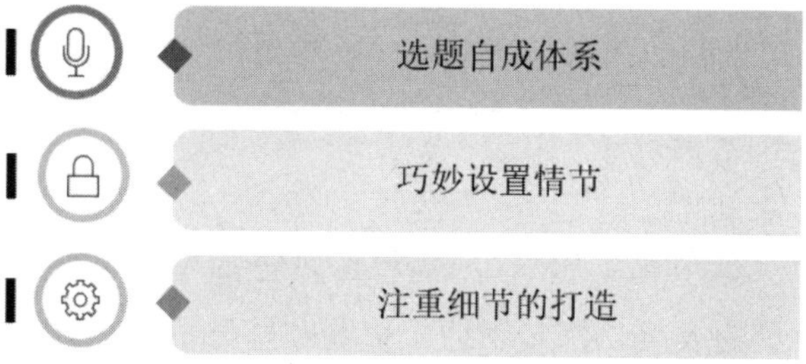

图 2–5 系列短视频制作的注意事项

1. 选题自成体系

在打造系列短视频之初应该做好充分的准备工作，选好短视频的主题，短视频内容自成体系才有利于后期的创作。例如，《那年初夏》系列短视频就选择了青春校园这一大的主题，其下又可具体分为爱情、友谊、毕业后的抉择等不同内容，与此同时故事本身的情节也很连贯，整体形成系列形态。

另一种较为简单的选题方式就是用数字进行标注，例如“十大实际存在的迷之生物”“十大以真实人物为原型的虚拟人物”“50 个让你感到惊奇的事实”等。这种选题方式整体感较强，同时表明系列视频的集数，吸引观众持续关注。

2. 巧妙设置情节

和电视剧相似，系列短视频也需要在每一集的结尾处留下“悬念”，以吸引观众追看下一集。《那年初夏》在第一集的结尾就为观众留下了薛雷和小溪这对好朋友最后究竟会不会发展成恋人的“悬念”，被剧情吸引的观众自然会期待下集节目的播出。

而“十大系列视频”这类命名本身就具有一定的吸引性和悬疑色彩，以《十大以真实人物为原型的虚拟人物》系列为例，观众在观看了第一集后也会对其他虚拟人物原型产生兴趣，因此会一集一集追看下去，系列短视频的观众黏性也会有所提高。

3. 注重细节的打造

正所谓“细节决定成败”，在短视频中，无论是演员的穿着和动作，还是背景的安排，都是表达价值观和情感的有效途径。注重短视频中的每一个细节，才能将短视频制作得更加真实，带给观众更好的观看体验。《那年初夏》中演员的表演就很注重细节，饰演薛雷的演员在和小溪的对话中，不自然地抿唇和想要表白又犹豫不决地双手抱头的动作细节，将薛雷内心喜欢小溪却只能以朋友关系相处的矛盾刻画得十分到位。

综上所述，运营者可从选题自成体系、巧妙设置情节和注重细节的打造这几个方面提高系列短视频的制作质量，从而让作品获得观众的长期关注。

2.2.2 创新内容场景，挖掘新意

创新是保持短视频生命力的重要因素，如果短视频总是一成不变，观众就很容易产生审美疲劳。在对短视频进行创新时，内容场景的创新能够使短视频焕发新意，提升短视频的趣味性和对观众的吸引力。

短视频中的场景非常复杂，一个大场景往往由很多小场景共同构成。其中，前者起统领的作用，奠定了短视频的主基调，而后者则是短视频的闪光点，可以提升短视频的吸引力。同时，每一个被细分出来的小场景都可以创新。

另外，在创新场景的过程中，还应该分清主次场景。主要场景在整个短视频中必须处于支配地位，指引次要场景，而次要场景则必须与主要场景统一。这不仅有利于形成统一并且符合逻辑的完整场景体系，还可以保证观众在观看短视频时不会产生错位感。总之，要想对场景进行不断创新，必须要全面考虑主次场景，从整体上把握短视频的各个部分，最终创作出让观众满意的短视频。

密子君是一位美食类短视频运营者，创作了《大胃王密子君》系列短视频，以在每期视频中吃下大量的食物吸引众多关注。但是，如果所有视频都以“吃”为主题，而且流程大致相同，观众的观看兴趣很快就会消失。为了解决这一问题，密子君就开始对场景进行创新。

密子君最初的短视频都是在固定背景中录制的。为了不断创新，调动观众的情绪，密子君开始去各店铺中录制短视频，不同的店铺有不同的美食和场景，场景的不断变化能够使观众保持热情。

《大胃王密子君》系列短视频中的主要场景是密子君吃美食，其他的部分都是次要场景。密子君除了每期都会更换不同的服装，在拍摄时也会采用不同的构图方法对场景进行调整，使得次要场景与食物搭配得更为自然，避免观众产生错位感。为了能够更好地打动观众，密子君的短视频开始从单纯地吃东西，变为有主题地吃东西。例如，密子君曾经推出高考特辑、母亲节特辑、旅游特辑等，短视频内容也变得更加有新意。观众可以从密子君不断变换的美食场景中得到新的体验。

2.2.3 融入价值情感，让内容有深意

生活类短视频是植根于人们的日常生活的，它从最普通的细节进行深入挖掘，营造出美的氛围来感染观众，使观众在享受的同时产生共鸣。短视频中所表现出的对于生活的理解，其实就是观众所想拥有的生活的缩影。

图 2-6 所示是《日食记》这个系列短视频中所体现的一个场景。《日食记》是美食类的系列短视频，每一期展现一款全新的美食的做法，除了学习如何做美食，观众还能够在短视频中感受到一种情怀。《日食记》中的场景往往都非常唯美，厨具、餐具的样式和摆放等都十分具有美感，再加上偶尔出镜的一只萌猫，可以说这就是许多观众理想中的生活。

图 2–6 《日食记》场景

《日食记》所传达出来的是一种理念：生活也可以是这样的。对观

众而言，由于学习任务、工作事务的繁重及精力的有限，难以在日常生活中投入太多精力，但是对于《日食记》所表现出的精致生活大家是向往的，所以很容易被《日食记》所吸引。

创作生活类短视频的最大难点就是怎样从生活中选取一个足以打动观众的切入点。运营者想要选好这个切入点，必须要用心地观察生活。普通人的生活虽然是类似的，但是每个人都存在其特殊点。运营者的前期工作就是将一些有代表性的特殊点寻找出来，然后再通过场景、道具的选取将其具象化，让观众在点开短视频之后能够迅速理解运营者所想要表达的全部思想。

2.3 短视频策划注意事项

对于运营者来说，做好内容策划是制作出一个好的短视频非常关键的一步。条理清晰、层次分明的短视频更容易赢得观众的好感，因此运营者在策划短视频内容时，也应注重内容的定位、时长和高潮设置等重要因素。

2.3.1 短视频方案可落地、可执行

短视频的策划案除了需要满足观众的需求，还必须可执行。一个短视频策划案的可执行性与运营者所持的资金、人员的安排及拥有的资源是分不开的。只有具体考虑这些实际的问题，才能做出一个可落地、可执行的方案。短视频可执行方案所具备的条件如图 2-7 所示。

1. 找出问题关键

不同主题的短视频在策划的过程中会遇到各种各样的问题。为了确保最终得出的方案具备可执行性，运营者必须找出问题的关键点，然后针对该关键点做出一个解决的计划。解决的计划中需要包含策略

及实施的步骤，这样才可以有条不紊地执行，避免出现纰漏。

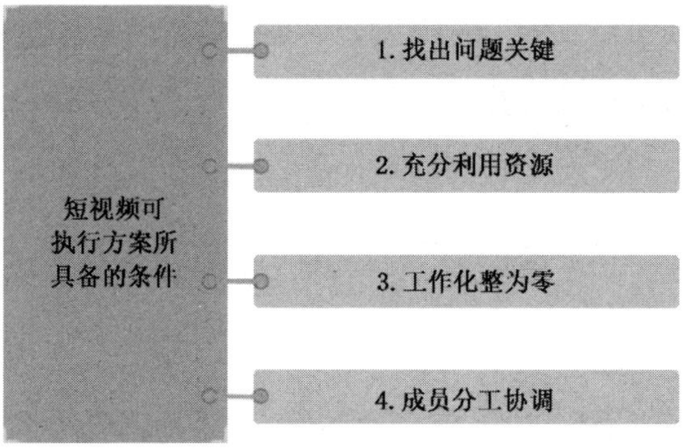

图 2-7　短视频可执行方案所具备的条件

有些时候，短视频的策划案或许涉及不止一个问题，这时，运营者就要按照重要程度对其进行排序，优先解决更为关键的问题。关键问题会决定该策划案最终能否执行。

2. 充分利用资源

资源对于短视频而言十分重要。运营者握有的资源越多，在实施计划时的起点也就越高。高起点可以使该短视频更容易取得一个好的效果。

短视频涉及的资源涵盖方方面面，最基本的就是资金资源，资金越充足，短视频所使用的道具、布景就越精致，最后得到的效果也就越好。

3. 工作化整为零

一个短视频从策划到制作再到最终的运营，每一步都有着复杂的工作流程。如果没有头绪就毫无章法地盲目开展，很容易在过程中走上弯路，从而降低工作效率。为了避免这一情况，运营者应该在选题立项时就将工作化整为零。

短视频取得良好的运营推广效果是最终的目标，在这个目标达成前还有许多的工作要进行。运营者应该将整个工作流程分成一个个阶段，并且在每一个阶段都制订一个小目标。小目标更容易达成，也会为运营者提供方向，使其更好地完成接下来的工作。

4. 成员分工协调

如果运营者有一个团队，共同制作短视频，成员之间如何分工协调也是运营者需要思考的事情。合理地分工可以使工作效率更高。

团队成员的分工必须要详细，运营者需标明每个成员应该在多长的时间内完成什么工作。标明具体工作可以使成员对自己的职责更加明确，防止产生互相推诿的情况；时间的规定则可以帮助成员提高效率，避免因拖延而影响短视频成品的发布时间。

在制订了短视频策划案，做好流程的具体规划之后，运营者还应该注重团队成员之间的沟通，良好的沟通能够促进计划的实施。运营者在安排工作任务时，要向成员讲清楚其具体要做的工作是什么，这样才能使其在操作过程中不产生混乱。

2.3.2 把握短视频的层次感

教学类短视频对于视频内容的层次感要求较高。混乱不堪、缺少层次的教学类短视频会让观众不知所云，从而无法在较短时间内获得应有的知识。所以运营者在内容设计上就应注重条理和层次的把握，这样才能给观众留下良好的印象。

“首财之道”就是这样一个专注于理财的短视频节目，以小课堂的形式向目标观众传授理财知识，辅助观众将这些知识应用到实际生活中。每个视频长度不超过 5 分钟，充分满足了现代人习惯利用碎片化时间学习的需求。简明清晰的语言、条分缕析的交接，再加上详细的图文介绍，该短视频节目赢得了不少目标观众的喜爱。

例如，《什么是美元指数？》这个仅有 2 分钟的短视频，就为观众介绍了美元指数的含义和应用，其讲解也被分成了 4 个层次。

1. 下定义

首先，短视频给出“美元指数”的定义，让观众对这个概念有了一个初步的了解。简单地说，美元指数就是反映美元在国际外汇市场汇率情况的指标，其间接反映美国的出口竞争力和进口成本的变动情况。

2. 溯历史

随后，短视频又继续追溯将美元作为国际市场风向标的历史渊源。这段内容主要帮助观众加深对这个小概念的印象，也可以在历史追溯中提供一些更为深入的内容。例如，“二战”后布雷顿森林体系的建立，和其后的解体，在此过程中美元依然保持世界货币地位等。

3. 应用方法

在这一部分，短视频对美元指数的应用做出了讲解，其中举了一个非常实用的例子，就是以 100 美元作为基准点，如何判断美元指数的走高和走低。

4. 作用和影响

最后，短视频还简短介绍了美元指数可能被哪些因素影响和其本身的作用等。

从以上案例可以得知，创作教学类短视频时，运营者可以从“下定义”“溯历史”“应用方法”及“作用和影响”几个层次进行把握。至于其他类型的短视频，运营者也可按照以上逻辑，追本溯源地将内容讲清楚、说明白，从而吸引更多观众注意。

除了正课的内容，短视频的最后一部分主要介绍了“首财之道”课堂的引流方式，也就是让观众通过扫码关注该课堂的公众号，从而学习层次更深的付费内容。这种在短视频最后加入引流内容的方式也同样值得运营者学习借鉴。

短视频中独特的小黑板设计可以随运营者讲解变换内容，简洁明了，也让不少不方便外放，或没有携带耳机的观众可以随时观看，如图 2-8 所示。

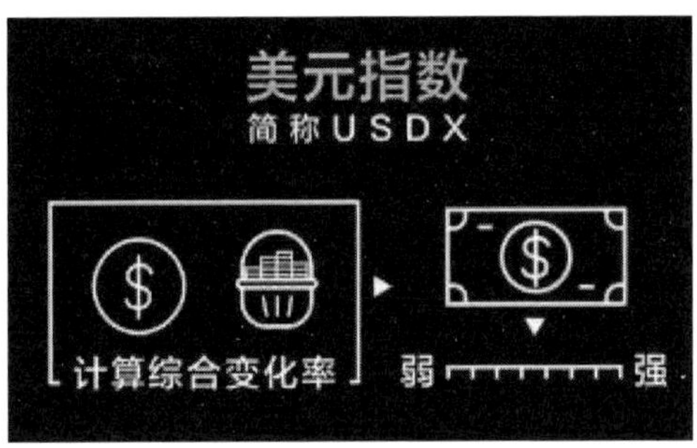

图 2–8　“首财之道”的小黑板设计

短视频的订阅和微信的订阅相似，都是根据相关观众的喜好和需求设置内容，专业性较强、内容质量较高的短视频才能真正吸引观众关注。

在短视频订阅的变现方式方面，可以先为观众提供一些基础性的免费课程，如果观众想要对相关知识有更加深入的了解，就需要付费才能观看专业性更强的“干货”内容。也可以通过让观看免费课程的观众分享的方式让短视频账号为更多人所知，从而提高品牌的知名度。

所以短视频订阅内容在制作上可采用专题、系列的形式，这样既能增加观众黏性，也能增强整个节目的专业性。

2.3.3　把握短视频的选题节奏

节奏感也是运营者需要注意的重要因素，其中最主要的体现就是每一层次所占的时间比例需要严格把握，这样才能分清主次，让观众在较短的时间内获得更多信息。

还是以“首财之道”小课堂中《什么是美元指数？》这一节课为例，该短视频分为“下定义”“溯历史”“应用方法”“作用和影响”4 个层次，短视频在每一层次上的时间安排也十分合理。

第一个层次“下定义”时长为 43 秒，而短视频的整体时长为 2 分 20 秒，也就是说下定义的时长占短视频总时长的 31%；第二个层次“溯历史”时长为 47 秒，占总时长的 33%；第三个层次“应用方法”时长为 16 秒，占总时长的 11%；第四个层次“作用和影响”时长为 29 秒，占总时长的 21%，最后的引流时间为 5 秒，占总时长的 4%。

从该课程各层次所占的时间比例可以得出，“下定义”和“溯历史”所占的比例较大，是该短视频的讲解重点，而“应用方法”的重要性稍弱但又不可缺失。总体来看，该课程各层次的时间安排得当，重点突出，有详有略，让观众在学习的过程中可以集中注意力攻克难点，获得很好的学习效果。

最后的引流时间虽然只有 5 秒，但同样必不可少，因为该短视频的主要变现方式还是引流到付费课程，花一部分时间介绍在相关公众号上还可以学习更加深入的内容，对于意向观众也能提供一定的帮助。

总之，运营者在制作短视频时，应先根据想要强调的重点来设置主次内容，然后再根据主次分层设定每层次的时长，这样就可以让短视频条理分明、逻辑清晰。

2.3.4　与短视频平台生态相融合

随着短视频市场的逐渐发展，越来越多的平台开始投身短视频领域。为了能够提升竞争力，更有针对性地吸引用户，短视频平台通常都会专注于某一个方向。运营者在某个平台发布短视频之前，要对该平台专注的方向进行调研，确保其用户与自己发布短视频的目标用户一致，确保自己发布的内容能够和平台生态相融合，以便在平台上得到更好的发展。

以抖音为例，抖音是一个年轻化的短视频平台，其用户主要是追求潮流的年轻人。这类用户追求时尚，喜爱新鲜事物。如果运营者选择抖音作为发布短视频的平台，则应注重作品内容的年轻化。

同时，抖音专注于音乐短视频领域，内容以个人展示为主，大多搭配较短的背景音乐，风格偏向幽默搞笑。如果运营者在抖音发布了内容类的短视频，可能难以达到很好的效果。

再如梨视频，梨视频上发布的主要是资讯类短视频。这类短视频除了要结合当下热点问题，还要对内容进行深入挖掘。在内容分类方面，梨视频分为生活、娱乐、体育、美食等诸多板块，关注社会新闻、文娱热点等，比较适合想在多方面共同发展的运营者。

自媒体类短视频就比较适合在梨视频上发布，其目标用户与梨视频的用户有着较高的重合度。自媒体运营者在梨视频上持续发布短视频，能够迅速吸引一批对短视频感兴趣的用户，从而快速提升播放量，达到更好的推广效果。

要想让短视频与平台生态更好地融合，除了关注平台用户，运营者还要根据平台的变化来调整短视频的内容。短视频平台为了活跃用户，会经常开展一些主题活动。运营者应制作符合活动要求的作品，积极参与活动，借助活动进行短视频宣传，以吸引更多用户的目光。同时，除了短视频平台开展的活动，还有很多活动是从用户中间开始流行的。为了抓住时机，运营者应该时刻关注短视频平台的变化。

第 3 章

短视频内容：多元化内容构成

短视频的内容是多元化的，游戏、美食、音乐、教育等都可以是短视频内容的主题。在众多的内容领域中，运营者需要找准自己的内容定位，保证内容的垂直性，从而保证内容的专业性和目标观众的精准性。在短视频中表现广告时，广告内容与短视频内容要紧密结合。此外，短视频内容必须传递正确的价值观。

3.1　从"泛娱"化到垂直化

在当下的"泛娱乐"时代，娱乐的方式逐渐多元化，而短视频也无法免俗，在短视频"泛娱"化显著的情况下，短视频内容的同质化也越来越严重。为了提高短视频内容的质量，运营者需要从观看短视频的目标人群的角度出发，打造垂直化的内容。

3.1.1　内容垂直于目标人群

对于运营者来说，放弃大而全的视频创作，专注于某一目标人群更容易取得成功。例如，如果运营者的目标人群是 10～18 岁的青少年，那么就可以围绕他们进行内容的创作和拓展，具体分为以下 4 个步骤。

（1）画出一个九宫格。

（2）以 10～18 岁的孩子为核心，列出 8 对有效关系。

（3）将 8 对有效关系放到九宫格当中，并分别列出 8 个常见的、有戏剧冲突的沟通场景。

（4）以已经形成的 64（8×8）个沟通场景为基础，分别规划出 3 段对话。例如，在做家务的沟通场景中，就可以规划出拖地对话、洗碗对话及洗衣服对话。

完成上述 4 个步骤以后，大量的创作方向就出现了，像这种把点扩展成面的方法，通常被称为场景扩展法。而相关事实也证明，在创作内容的过程中，该方法确实可以提供很多好处。

首先，有利于缓解才思枯竭、缺乏创意的现象，因为在有条不紊、按部就班的步骤下，可以创作出很多符合营销标准的内容。不仅如此，与灵感乍现的内容创作方法相比，场景扩展法更加稳妥，也更加有效。

其次，有利于保证内容的合理性，因为目标人群的年龄为 10～18 岁，对于喜剧、幽默短视频感兴趣，对目标人群进行了解和细致分析之后，内容的创作方向就不会出现太大偏差。

由此可见，掌握场景拓展法，根据目标人群选择创作方向非常重要。可以说，无论是从内容层面来讲，还是从营销层面来讲，这样的做法都十分合情合理。

2018 年 9 月 6 日，集结了众多喜剧明星的“喜蓄”正式在快手上线，并发布了以岳云鹏为主角的《新白胖子传奇》短视频系列第一集。在不到一天的时间内，“喜蓄”的短视频播放量就已经达到了千万级，粉丝数量也迅速飙到了上百万。截至 2020 年 8 月，“喜蓄”已经在平台上发布了 50 余个作品，收获了 500 余万粉丝，如图 3-1 所示。

那么，究竟是什么让“喜蓄”取得如此亮眼的成绩，顺利在短视频平台走红呢？难道仅仅是岳云鹏等喜剧明星自带的流量效应？当然没有那么简单。除了流量效应，更重要的是正确的创作方向和极高的内容质量。

图 3–1　“喜蕃”快手账号

实际上，在如今这个综艺当道的时代，喜剧似乎面临着很多严峻的挑战，例如，表演受限、形式单一、内容老套等。再加上随着观众审美水平的不断提高，之前的喜剧已经无法达到他们的要求，很多喜剧从业者都承受着“失业”的压力。

但是，“喜蕃”就打破了传统，一改常态，围绕这类喜爱喜剧的目标人群进行内容的创作。因此，无论是《新白胖子传奇》系列，还是《贾总就是致富之光》系列，都没有局限于之前那种舞台式的喜剧呈现模式，创作更加贴近目标人群，内容更接地气，充分展现了自己的诚恳态度。

短视频的时长是有限的，在有限的时间里，必须要吸引更多人的目光，而要想达到这一效果，最关键的就是选择正确的创作方向。同时，正确的创作方向也能够在一定程度上保证内容的质量和吸引力。

3.1.2 垂直是短视频发展的必然方向

“垂直化”是当今短视频行业发展的主要趋势，无论是知识类的节目，还是生活技巧类的小课堂，运营者都应明确自身定位，为观众制作出更多高品质、有营养的短视频节目，促进节目的长远发展。

什么是垂直细分？垂直指纵向延伸，而不是横向扩展；细分则是在垂直行业板块里面，再挑选主要的业务进行深度发展。以舞蹈为例，舞蹈是一个垂直领域，该领域又可细分为拉丁舞、爵士舞、肚皮舞、钢管舞等，细分类舞蹈短视频在美拍等平台的播放量增长明显，也更易受到目标人群的关注。

对于垂直细分领域的重视，在自媒体时代已经表现出了明显的趋势。如果不能保持思路的推陈出新，没有高超的写作技巧，或者缺少名人光环护体，很难在自媒体深海中得到关注，涨粉难，留存更难。相反，选择一个细分领域，做一个兴趣号，即使面向小众群体，也更容易获得成功。“放弃不该有的大而全想法，专注一个人群的多样需求”成为自媒体时代众多后起之秀奉行的金玉良言。

经过近几年的发展，短视频行业已初具规模，除抖音、快手、美拍等平台外，传统媒体、自媒体、资讯平台、电商平台甚至部分相关度不大的互联网公司，也已陆续加入短视频阵营。大量玩家的加入，得益于观众对短视频的接受度越来越高，极光数据显示，垂直短视频 App 渗透率为 19.3%，用户规模达 1.31 亿人，平均每五个移动网民中就约有一个是短视频 App 的用户。大量的平台玩家和用户，吸引了越来越多的机构和达人，大家都希望在这拨红利中分一杯羹。想法是好的，现实却很残酷，只有头部玩家才具备较强的变现能力。因此，对于以盈利为目的的运营者来说，如何在众多的玩家中脱颖而出，变得愈加重要。

在同质化严重的竞争体系中，只有长期深耕细分领域，具备高辨识度的运营者，才有可能输出不一样的内容，吸引该领域的兴趣群体。淘宝首页琳琅满目，用户使用最频繁的依然是搜索框，大家都习惯根据自己的兴趣搜索相关内容。同时，今日头条、快手等平台推崇个性化推荐算法，这也更有利于具备辨识度的内容曝光。

从观众的心理需求和平台的算法推荐出发，选择一个适合自己的垂直细分领域，凸显自己的特点，提升账号辨识度，让观众更容易记住自己，成长的机会会更多。

具备专业化的内容更具生命力和吸引力。短视频属于内容的一种形态，“内容”独有的特性注定了该行业中良币最终会驱逐劣币。标题文案取得再好，内容没有价值依然难以留住观众。打造能给观众带来收获、快乐和感动的短视频内容，需要运营者具备更专业的知识和能力。作家格拉德威尔在《异类》一书中指出：“人们眼中的天才之所以卓越非凡，并非天资超人一等，而是付出了持续不断的努力。1 万小时的锤炼是任何人从平凡变成世界级大师的必要条件。”人的精力和时间都非常有限，运营者应专注于某一个垂直细分领域，最好是自己深耕多年的领域，这样会有源源不断的素材，容易以更少的精力生产出更专业、更有价值的内容。

有垂直细分领域持续输出能力的运营者容易得到观众的持续关注，同时，短视频的表现方式也比图文更加生动具体。只要行业领域足够垂直，内容足够优质，辨识度足够高，就能占据更多观众的心智，逐渐建立 IP 形象，强化 IP 属性。

短视频行业目前已如火如荼，以大而全的姿态进入该行业，胜算很小，选择合适的垂直领域发展不仅有益于自身的成长，而且能获取到精准度更高的观众，有利于实现后期的转化。

3.1.3 垂直化的内容更有价值

观众是短视频运营者的上帝，运营过程中所有的付出都是以达到观众的满意为前提的，而观众满意的条件则是感受到价值，因此，为观众提供价值成了重中之重。通常而言，专业性和知识性就是短视频价值的重要来源，因此短视频运营者可以从这两个方面入手。

1. 以专业性满足观众期待

抖音是一个非常好的流量平台，每一个人都可以在这个平台上打造属于自己的个人品牌。

做不了第一，但是我们可以做自己的唯一，不断输出垂直内容。以抖音账号“老板学管理”为例，如图 3-2 所示，这个账号即使停更很久，依然每天都在涨粉。只要你的内容足够垂直，就会有很多人关注你；因为你的内容足够垂直，所以账号权重也高。作品是账号基础权重的铺垫，这个铺垫的核心就是垂直内容。

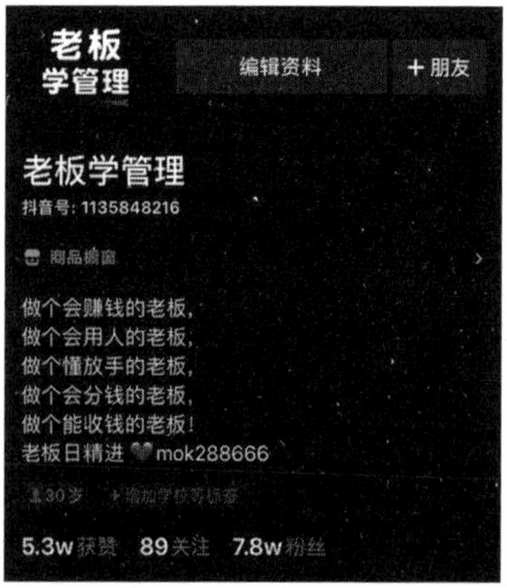

图 3–2 “老板学管理”抖音账号

做好垂直内容，在短视频的细节方面超越观众的期待，通常会让观众感到惊喜，这也是一种给观众提供价值的行为。

2. 以知识性满足观众需求

除了期待听到专业的歌手演唱自己喜欢的歌曲，不少观众还会希望了解某一领域的相关知识，因此讲授专业知识也是运营者为观众提供价值的重要方式。

以抖音账号“孙医生课堂”为例，如图 3-3 所示，这个账号是以专业医生的身份为观众提供一些实用的健康小建议。短视频内容包括吸烟的危害、嚼槟榔的危害、喝酒的危害等，通过对这些不健康行为的分析，来科普这些恶习会对人体造成哪些实质性危害，并告诉观众停止这些恶习会让身体具体得到哪些健康的好处。

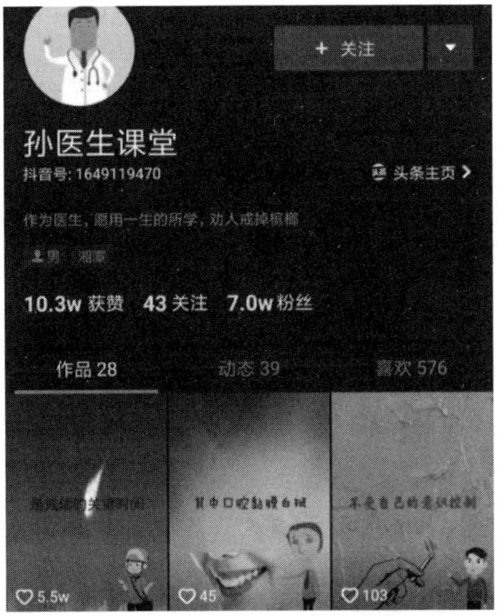

图 3–3　“孙医生课堂”抖音账号

通过讲述这些健康知识，让观众得到有意义的收获，这就是“孙医生课堂”获得观众青睐的重要秘诀之一。

以上就是为观众提供价值的两种途径，当然，除此之外还有其他很多让观众得到价值的方式，这里仅用比较有代表性的两种方式来作为示例。为观众提供价值是获得精准流量的前提，运营者应该加强自身短视频的专业性和知识性，争取为观众提供更多有价值的内容。

3.1.4 一条视频：专注生活类短视频

一条视频是一家聚焦生活、主打生活时尚的短视频新媒体，其针对的目标群体是注重生活品质的中产阶级，所以选取的场景也往往与此相关。一条视频的内容包括生活中的美食、酒店、汽车等，也会通过纪录片表达人文关怀。其高质量、深度聚焦的内容满足了目标群体的情感需求，获得了他们的认可，具体表现在以下几个方面。

1. 专注表现生活之美

中产阶级的生活是一个抽象的概念，较难为其生活方式下一个定义，而一条视频表现出了中产阶级的一种富含美学的高品质生活方式。一条视频在创作方面进行了突破，创作了一种“杂志化”短视频，通过缓慢的镜头切换及对场景摆设的严格要求，打造短视频的美感。观众在观看短视频时，不仅能够获得情感共鸣，还能获得美的享受。

同时，一条视频也会在内容中融入潮流、艺术等元素，打造短视频的高品位，通过细腻的表现力为观众带来美的享受。其短视频涉及美食小店、居家改造、艺术创作等，为观众展现多方面的生活之美。

2. 开通纪录片频道，记录真实故事

记录真实人物和真实故事的短视频往往更受观众欢迎，这样的短视频更容易触动观众。一条视频就开通了纪录片频道，以真实人物为拍摄对象，每一个故事都是真实的，观众从他人的故事中可以寻找到自己的感情寄托。

《每个无名的小人物，都有他存在的意义》这部短视频纪录片讲述的是一位名叫海波的摄影师，他用自己的镜头记录下中国各地的人物图谱。

海波曾拍摄过一个叫做《他们》的系列作品，其中的《桥》就以“缺席的人”表现人世的无常。20 年前，海波和弟弟在桥上照过一张照片，20 年后弟弟去世，海波依然在桥上留影，只是弟弟的位置变成了永远的空缺，这让人感受到了一种情感上的震撼，如图 3-4 所示。

图 3–4　《桥》截图

3. 坚持精品化创作

一条视频坚持做精品化的内容，让观众感受其短视频制作的精良。例如，《做一碗上海最鲜美的虾肉小馄饨》短视频只有 3 分钟，但素材却拍摄了 13 个小时，打造出了精品内容，如图 3-5 所示。

图 3–5　《做一碗上海最鲜美的虾肉小馄饨》截图

在高要求下，该短视频呈现的效果十分惊人。短视频中，上海淡然工作室的总监管家用娴熟的手法，做出了一碗鲜美诱人的虾肉馄饨，让人垂涎欲滴。一碗小馄饨，在精致的器皿、细腻的制作手法和高品质的镜头下呈现出了“五星级菜品”的水准，每一帧画面都极具美感，给观众带来美的享受。

4. 视频内容短小，便于观看

一条视频制作的多为2~5分钟的短视频，节奏简单明快，可以牢牢抓住观众的目光，提升短视频的传播力。短小的视频符合移动互联网传播的特点，在移动互联网时代，人们的碎片化时间越来越多，2~5分钟的短视频不仅观看成本低，还能够填补人们在上班路上、等人、吃饭时的碎片化时间，符合观众的观看需求。

一条视频的成功离不开其对内容的聚焦和打磨。从短视频题材的选择上看，一条视频专注于生活领域，同时通过精良的制作来展现生活之美，吸引了大量观众。短视频运营者也可以借鉴一条视频的创作方式，聚焦自己擅长的领域，同时注重对短视频内容的打磨，传递生活的美感、传递真实的感情，以此获得观众的支持。

3.2 内容与广告的深度融合

许多运营者都会通过短视频进行产品营销，在短视频中植入广告时，要注意内容与广告必须深度融合。在内容中植入广告有不同的表现形式，这是运营者需要学习并熟练掌握的。

3.2.1 干货型：干货为主，产品为辅

观众在观看短视频时，一开始往往会选取一些流传度较广的娱乐型短视频。但是最终能够留住观众的，还是更具垂直性、更有深度的短视频。这种专注于某一领域，内容垂直化、精品化的短视频不仅可以获得巨大人气，还拥有非常可观的变现能力。

母婴短视频账号“贝贝粒”就通过垂直深耕内容，提高短视频品质，以简单的风格、实用的育儿技巧和“1 分钟左右”的短视频时长赢得了不少观众的喜爱。截至 2020 年 11 月，其全网用户已突破 1500 万人，成为母婴类短视频领域的佼佼者之一。“贝贝粒”仅每月电商销售额就可突破 8000 万元。

“贝贝粒”辅食合集就是针对新手妈妈特别制作的简单易学、种类多样的辅食制作视频。视频时长都在 1 分钟左右，尽可能地节省观众的时间，而且“干货”满满，除了介绍辅食做法，视频中还增添了不少育儿知识。例如，婴儿长牙期有哪些注意事项，怎样促进宝宝肠胃蠕动等。

“苹果燕麦粥”就非常适合 7～8 个月的宝宝食用。视频从削苹果皮的演示开始，然后用擦丝器将苹果处理成泥状，再讲述食材的配比，其中还有燕麦先在水中浸泡十分钟再熬制这样的小细节。虽然视频本身非常短，但内容充实，讲解详细，实操性很强，如图 3-6 所示。

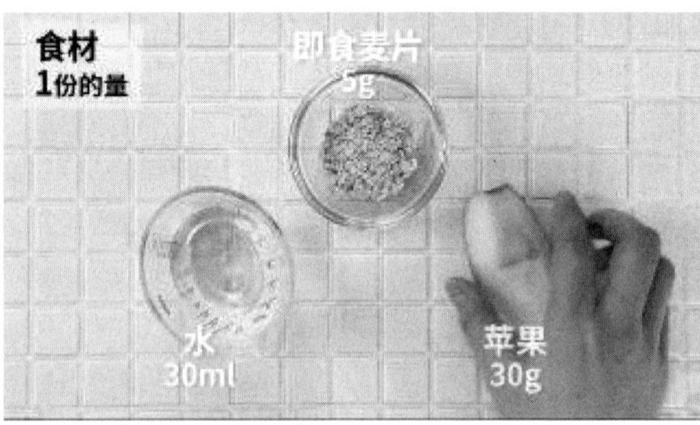

图 3–6　“苹果燕麦粥”做法

除了教观众制作辅食，“贝贝粒”还推出了育儿知识介绍、母婴产品介绍、DIY（自己动手）手工、益智玩具推荐、婴幼儿服装和亲子出游等栏目，包含了育儿生活的方方面面。虽然栏目种类较多，但在相关内容上依然邀请专家进行把关，保证内容的正确性和权威性。相关母婴用品，如纸尿裤、辅食产品等，都在巨大的流量推动下获得了很好的销量。

由此可以看出，“贝贝粒”能迅速成为母婴短视频领域的领军者，主要是因为两个方面：第一，“贝贝粒”以优质内容为基点，保证短视频的更新频率；第二，“贝贝粒”用短视频建立和观众的深层联系，增强场景建构。运营者可充分吸收“贝贝粒”的经验，在注重内容开发的同时构建和内容相关的场景，拉近和观众之间的距离，最终实现人气的快速增长和尽快变现的可能。

3.2.2　道具型：在短视频中植入道具

运营者可以采用模糊广告内容界限的方式，在有情节的广告内容中植入道具，拉近和观众之间的距离，塑造品牌的良好形象。和传统的“硬广告”相比，这种模糊广告内容界限的软广告的渗透力较强，知识性、新闻性或故事性的内容也更容易为观众所接受。

唯品会就推出过一个名为《明天会更好吗？》的短视频广告，借用牛奶咖啡的歌曲《明天，你好》为背景音乐，讲述了五个温暖人心的小故事。故事中主人公的经历和正在观看短视频的观众的经历相仿，很容易触动人们的心弦，短视频中巧妙植入了道具，让人印象深刻。

短视频的第一个故事：一位少年因一句“我觉得你和他们不一样”，决定改变自己，迈向新的明天；第二个故事：一位女士感慨自己婚后身材变形，下决心锻炼，以恢复身材；第三个故事：一对夫妻在城市努力打拼，最终将家乡的女儿接来团聚；第四个故事：一位白领通过努力，实现了想要成为烘焙师的梦想；第五个故事：一位母亲在孩子的教育上终于摸索出了合适的道路。

所有的故事都围绕着“改变”展开，唯品会巧妙地将“陪伴”放入蜕变和成长的瞬间，让观众感到温暖和感动。短视频利用道具植入的方式加深了观众对品牌的印象。例如，故事的第二个主人公就是在唯品会上购买了运动服和瑜伽垫，实现了重塑身材的梦想，如图 3-7 所示。

图 3–7 唯品会在短视频中的道具植入

从效果上看，道具的植入非但没有引起观众的反感，反而引起了观众的广泛共鸣。这是因为短视频中还传达了“坚持”“陪伴”“让自己变得更好”这样的价值观。不少观众都被那句“我觉得你和他们不一样”打动，也有观众说自己小时候练琴，母亲也是一样煞费苦心。随后，唯品会在短视频的热度下又推出了“4·19”全球购物节活动，从而吸引更多观众关注唯品会。

运营者对产品或品牌进行营销时，就可以充分借鉴唯品会的经验，尽量模糊广告的内容界限，用暖心故事的方式引发观众的关注和共鸣，然后再适时地加入道具植入，这样就不会引起观众反感，还可以将“陪伴”“改变”这样积极向上的主题融入短视频中，既能触动观众心弦，又能塑造品牌的良好形象，一举两得。

3.3 扎根于主流价值观的土壤中

短视频是当下的风口之一，能够聚集大量的流量。同时，由于对流量的过度追逐，短视频行业也暴露出了导向偏差的问题。短视频内容的价值取向影响观众的价值判断，只有展现正确价值观、传递人文情怀的短视频才能够凝聚人心，引发观众的共鸣，短视频内容必须扎根于主流价值观的土壤中。

3.3.1 正确的价值观才能深层吸引观众

为了追逐流量，一些运营者在创作短视频时，一味追求猎奇，用刺激眼球的低俗短视频吸引观众，或在短视频中表现出了不正确的价值观，这些都是不对的。不正确的价值观无法凝聚人心，难以聚集流量，只有真正反映生活本质、体现正确价值观的短视频才能受到观众的青睐。

2020 年 6 月，南方多地发生强降雨，引发了多地洪灾，许多抗洪救灾的短视频纷纷在微博、抖音、快手等平台及网站上刷屏。有的短视频拍摄了在暴雨中奋战的抗洪战士，展现了其英勇无畏、无私奉献的精神，有的短视频展现了抗洪一线的温情时刻，如抗洪战士与家人通话、成功营救出被困的人、归程时的高歌等。这些短视频以激动人心的力量感动了无数人，让人们直观地感受到了正是由于这些抗洪战士的奋战，灾区的人们才能够安然入眠。

此外，其他一些具有正能量的短视频也呈现出刷屏之势。如不少平台发布的屠呦呦团队公布研究新成果，得到了许多用户的点赞、评论和转发，这类短视频既弘扬了科学家精神，又起到了社会教育作用；战斗英雄张富清淡泊名利和无私奉献的精神，也通过短视频的传播感染了许多观众。这些火爆的短视频激发了人们心里最朴素的情感共鸣，获得了数百万次的播放量。这也表明了弘扬真善美、具有正能量的短视频深受观众的喜爱。

对于运营者而言也是如此，只有体现正能量的短视频才能够吸引更多的关注，才有可能成为“爆款”。同时，在传递正确的价值观这方面，运营者也可以从细微处出发，体现生活中展现正确价值观、正能量的细节，如亲人之间的关爱、朋友之间的帮助、人与动物的温馨相处等。

短视频的价值观是其吸引观众的内核，只有体现正确价值观、体现正能量和人文情怀的短视频，才能打动人心，引发观众的深层共鸣。

3.3.2 既要源于生活，又要高于生活

短视频创作既要源于生活，又要高于生活。源于生活指的是短视频创作要取材于生活，不可脱离生活而创作。高于生活的含义体现在两个方面，一方面是通过各种拍摄手法、后期制作手段，将取材于生

活的短视频内容进行美化，以带给观众更好的观看体验；另一方面是从内容、中心主旨上进行拔高，体现生活各个方面的短视频虽说在题材上十分普遍，但运营者可通过短视频表达自己的观点，升华主题。

许多制作精良的短视频都是源于生活又高于生活的，既能够让人获得美的感受，又能够体现深层次的思想内核。美食类系列短视频账号“日食记”就推出了很多这样的优秀作品，其以优美的制作风格和传递的温馨情感，获得了众多粉丝的喜爱。截至 2020 年 7 月，“日食记”的微博粉丝已接近两千万人，如图 3-8 所示。

图 3–8　“日食记”微博

在快节奏的生活方式下，观看美食类短视频成为许多人放松的一种方式。而“日食记”以其精良的制作和情感传递，不仅能够带给观众更舒适的观看体验，还能够满足观众的精神需求。

在镜头语言方面，“日食记”拍摄时多采用大光圈，突出前景，虚化背景，大光圈和浅景深能够集中观众的视线，削弱杂物的影响，让画面更加干净简洁。

“日食记”在拍摄美食制作的部分时多以半身中景为主，以便带给观众更强烈的真实感；涉及剧情展示的镜头时会有一些远景，展现短视频的空间感和人物所处的环境；在展现菜肴时以特写镜头为主，更加细腻地展现菜肴的色泽，如图 3-9 所示。

图 3–9 “日食记”中的特写镜头

“日食记”在白天拍摄时多采用自然光，以突出光线明暗的层次变化，食物和家具上斑驳的光线易给人一种安静明亮的感觉。阳光与食物相互影响，创造出安逸温馨的氛围。人工光拍摄多为夜间或阴天，色调更加复古、浓烈。

就色彩来看，“日食记”中的色调主要为高明度和低饱和度的日系柔和色调及低明度、高饱和度的浓重色调。一些较为清爽的菜式，如冰激凌、夏日甜点等，采用日系色调更能突出清新之感。而对于一些像南乳猪手这样的菜式而言，高饱和度的浓重色调能够让食物的色泽更加浓郁鲜艳。两者都是为了加强食物的视觉刺激。

此外，短视频中的厨具以木质和瓷质为主，注重自然的质感，色彩朴素单一，淡雅自然。木制蒸笼、搪瓷杯、实木汤碗、玻璃瓶、蒸汽炸锅等物品都十分具有美感，能够带给观众更多美的感受。

除了短视频拍摄源于生活又高于生活，“日食记”也传达出了一种价值观，传递出了对生活的热爱和感悟。在每个短视频结尾，寥寥几行的文字也治愈着大家的心。

例如，《锅烧辛拉面》短视频中的“用三分钟时间守候泡面飘香，隔着冬夜，一窗水汽欲滴，就是最平凡的幸福感”；《煲仔饭》短视频中的“被冬天包裹，才更能体会一碗热饭的温香。寒冷的存在意义，也许就是让你找到温暖的事物去追随”；《南乳猪手》短视频中的“不用在意吃相，或担忧卤汁黏稠。也许正因如此，才成为令人安心的，家的味道”，等等，在表达对生活的热爱的同时，也能够带给观众温暖，引发观众的共鸣。

3.3.3　李子柒：传递文化的温度

李子柒是一名美食短视频创作者，她的短视频内容朴素中透露着美感，以传统美食文化为主线，围绕农家的衣食住行展开，收获了大批粉丝，其抖音账号如图 3-10 所示。

图 3–10　李子柒抖音账号

李子柒在短视频中展示了一种不一样的农村生活，有一种治愈的力量。蓝衫素麻，展示了浓厚的田园生活气息，同时其短视频也展示了艺术来源于生活但高于生活，田园生活也不一定要满身污泥。

李子柒的短视频具备两个特点：独特性和专业性。首先，李子柒在短视频中传播家乡魅力的同时，也致力于传播传统文化，这使其短视频更具独特性，更能彰显价值；其次，李子柒的短视频以“衣食住行”为主，但又体现了专业性。每一个短视频都经过了精心策划，而且历时很长，做腊肉就从杀猪开始、做酱油就从种黄豆开始，细致地呈现了制作美食的每一个步骤。

除了拍摄美食短视频，李子柒还有一个《东方非遗传承》系列短视频，展现我国的木活字、刺绣、文房四宝等传统文化，获得了广泛的关注，如图 3-11 所示。

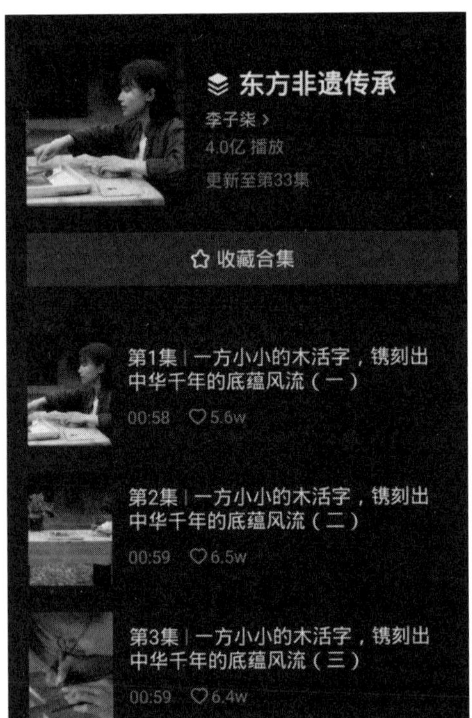

图 3-11 《东方非遗传承》系列短视频

这一系列短视频的制作更为不易，有些短视频一拍要好几个月，许多技能是她后来学的。她为了拍木活字，专门花了几个月时间去学，最后才拍出了木活字的短视频。

一袭布衣、一双巧手，李子柒在幽房雅筑中栽果种花，以古风短视频的形式表现了田园生活的衣食住行，不仅吸引了众多国内观众，甚至在国外也有了很多粉丝。

在国外某平台上，李子柒的粉丝数量超过了 750 万人，很多短视频的播放量都超过了 500 万次，她被称为“中国第一网红”。她的短视频没有英文字幕，偶尔还穿插着方言，但这并不影响外国观众对她的喜爱，短视频的评论区充满了国外观众对她的赞美。通过李子柒的短视频，外国观众看到了田园生活的简单与质朴，看到了她与花草做伴的诗意与优美，也看到了中国传统文化深厚的底蕴。

李子柒的短视频有电影质感，更体现出了她对于食物、自然和传统文化的知识底蕴。从屋内的篾灯到屋外的秋千，从随手所制的胭脂到兴起而做的衣裳，李子柒的短视频给人以丰富的传统气息，而李子柒对于传统文化的传承让大众感知到了文化的温度。

第 4 章

短视频发布：渠道选择很重要

一些运营者可能会遇到这样的情况：短视频的内容制作得十分精良，但短视频的观看率、点击量却不高，而许多质量较差的短视频却能够获得更多观众的关注，这让许多运营者感到很沮丧。为了获得更高的观看率、点击量，运营者要根据短视频的类型、内容，选择合适的渠道。

运营者需要对不同的短视频平台进行调研，了解各平台短视频的发布规则，选择几个合适的平台进行多渠道发布。短视频发布后，运营者也需要对各渠道的数据进行监控，以此为依据进行后续短视频的优化和发布渠道的优化。

4.1 选择合适的短视频发布渠道

自媒体的普及与短视频的火爆催生出一大批短视频平台，但各短视频平台的功能、用户流量、用户素质与用户基数却各有差异。针对目前形形色色的短视频平台，如何进行选择，如何将自身优势在相应平台中发挥至最大化，是运营者必须思考的重要问题。

4.1.1 调研各大短视频平台特色

在发布短视频之前，运营者应该先对各大短视频平台进行调研，然后根据调研结果，选择与自己的目标人群一致的平台进行投放，只有这样才能快速将平台用户转化为自己的粉丝。

不同的短视频平台各有特色，大致分为独立平台与综合平台两种。独立平台指的是专门以短视频为核心卖点的平台，而综合平台则指的是包含多种功能，其中兼有短视频内容的平台。这两种平台各有各的优势。独立平台虽然社交属性较弱，但它的用户是喜欢各种短视频类型的群体，如果运营者选择这样的平台，短视频能够快速吸引到目标用户群体。综合平台往往不是以短视频业务为主，但是由于其社交功能强大，用户群体也较为庞大，如果短视频在综合平台中获得认可，众多的转发会迅速为短视频积累人气。

目前，受用户欢迎的独立平台有抖音、快手、美拍、火山小视频等，这些短视频平台有各自不同的用户群体。抖音的用户群体大多是90后、00后，他们普遍喜欢有个性的、可以展示自我的短视频；美拍的用户群体大多是喜欢与他人分享自己生活的城市年轻女性，她们普遍喜欢时尚类的短视频；而快手、火山小视频的用户群体较为类似，他们大多喜欢更接地气、社交性更强的短视频。

综合平台中最具代表性的就是微博。微博作为一个用户群体庞大的社交平台，有非常高的便捷性，具有发布信息快、信息传播速度快的特点。据微博2020年第一季度财报显示，截至2020年3月末，微博月活跃用户为5.5亿人，日活跃用户为2.41亿人。在用户群体如此庞大的社交平台上，一旦某个短视频引爆了热点，将会被多次转发，获得相当大的播放量。

独立平台与综合平台各有特色，运营者在发布短视频时可以根据其内容的特点及目标用户选择平台，也可以采用独立平台与综合平台共同发布的模式，使得两类平台的优势均能得到充分发挥。

4.1.2 明确各大短视频平台规则

在选定了一个短视频发布平台后，一定要注意该平台的规则。不同的短视频平台根据自身的特点制订了相应的规则，除了最基本的不能违反国家法律法规，禁止投放低俗、色情类短视频这类规则，还有各自不同的发布规则，运营者在选择平台时应对此进行充分了解。

以抖音为例，在抖音上发布短视频需遵守以下规则。

（1）短视频必须为原创作品，不得盗用他人作品、冒名顶替他人。

（2）保证短视频时长，短视频时长需超过 7 秒，每条短视频最长时长为 5 分钟。

（3）每天发布短视频的上限为 5 个。

（4）不得有其他短视频平台的水印、贴纸等。

除了短视频发布规则，各个平台的分成补贴规则也不同。为了能够留住更多优秀的短视频运营者，很多平台都会与运营者签订合同，给予一定的补贴。这种合同一般会要求运营者在该平台上独家发布短视频，所以如果运营者签订合同后再在其他平台发布短视频就违反了合同，这种行为也会被平台追责。不同平台给运营者的收益分成不同，具体要看各平台的规则。

要想使短视频在选定的平台上得到有效的推广，其内容就必须健康、积极向上，遵守平台规则。如果运营者为博关注发布一些低俗、违规的短视频，就会导致短视频被删除、账号被限制流量甚至被封等后果。

4.1.3　有取舍地进行多渠道分发

短视频的发布不一定要局限在某一个平台上，在不违反各平台规则的情况下，运营者可以在多个渠道共同发布短视频，在不同的平台上聚拢人气，这样可以快速积累粉丝。但是，发布的渠道也不是越多越好，运营者在选择渠道时应有一定的取舍。在多渠道发布短视频时，运营者需注意以下要点，如图 4-1 所示。

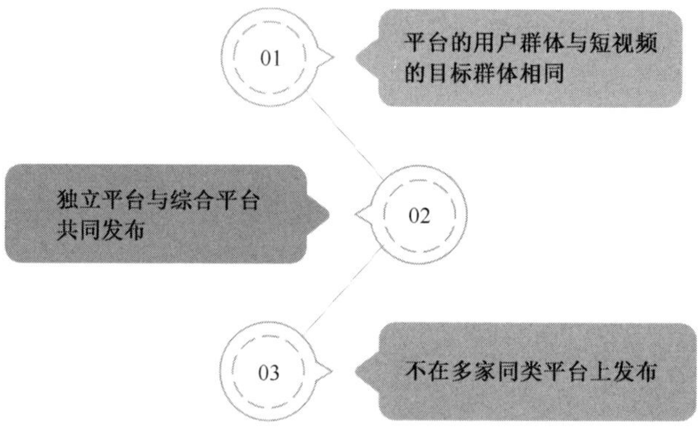

图 4-1　多渠道发布短视频的要点

1. 平台的用户群体与短视频的目标群体相同

在选择短视频发布平台时，运营者要选择那些用户群体与短视频的目标群体相同的平台，并以此分析出与短视频最契合的平台作为短视频的首发平台。根据短视频的定位与目标群体谨慎选择首发平台，可以为短视频账号营造出一个好的口碑，也可以更好地吸引粉丝。

2. 独立平台与综合平台共同发布

独立平台与综合平台的用户构成有很大的区别，短视频在这两类平台上共同发布可以起到有效的互补作用。短视频在独立平台中吸引目标群体观看的同时，还可以在综合平台上依靠其传播速度快的特性，不断扩大目标群体。

3. 不在多家同类平台上发布

有些运营者为获得更多关注，会在多家同类平台上发布短视频，但是这种做法其实是存在一定问题的。同类短视频平台之间存在着竞争性，其竞争的核心内容就是优秀的短视频运营者。短视频作品能否扩大知名度，一方面依靠其本身的质量和运营者的运营，另一方面也依靠平台的推广。如果在多家同类平台上共同发布短视频，就很难得到平台的重视。

总之，运营者应有取舍地选择短视频发布渠道，可选择某一发布平台作为发布短视频的主阵地，再通过其他社交平台、网站等引流，以便更好地聚集粉丝。

4.2 渠道数据监控：实现短视频效果评估

在短视频发布后，运营者需要对短视频的发布效果进行评估，根据评估效果对短视频进行优化。发布效果评估结果是根据数据分析得出的，运营者可以通过 4 类关键数据，对短视频的发布效果进行评估。

4.2.1 掌握 4 类关键数据

如何利用数据分析短视频的发布效果？运营者应了解需要分析哪 4 类关键数据。

1. 播放量相关指标：累计播放量、对比播放量

播放量是短视频数据的基础量，是评价短视频质量高低的重要参考依据。单条短视频的播放量是运营者关注的重点，同时，短视频的累计播放量和对比播放量也是非常重要的数据指标。从总体上看，这些数据都可以作为短视频内容调整的重要依据。

例如，爱奇艺就为运营者提供了数据分析的便利。打开一个短视

频节目，短视频下方就会出现“热度”下拉栏，里面包括内容热度、播放指数、整季播放指数，其中播放指数是“热度”评估重要的客观标准，是衡量观众观看行为的重要指标。

除了单日指数，运营者还可从整季播放指数中找到累计播放量。例如，《泡泡鱼的快乐生活》这个短视频节目的累计播放量如图 4-2 所示。

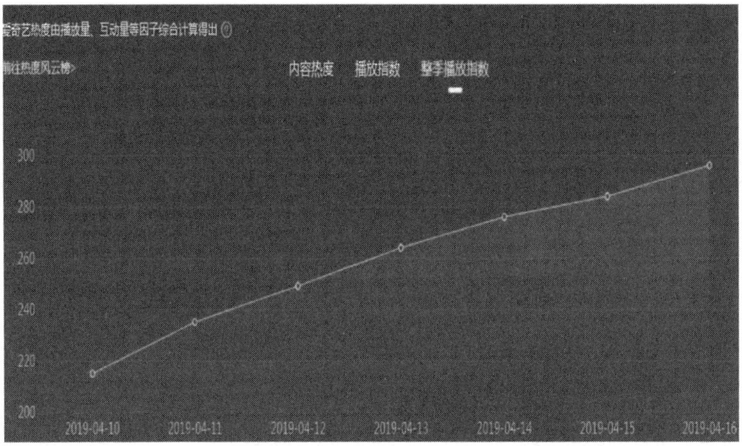

图 4–2　《泡泡鱼的快乐生活》的累计播放量

根据数据分析可以得出，《泡泡鱼的快乐生活》这个短视频节目的整季播放指数截至 2019 年 4 月 16 日为 296，而且整体呈上升趋势，这说明短视频内容在一定程度上得到了观众的喜爱。

单个短视频可根据播放时间不同对比播放量，同类型的不同短视频也可以通过播放量的对比来进行数据分析。例如，《泡泡鱼的快乐生活》这个短视频动画分为若干集，可以对比不同集数的播放指数。

2. 播放完成性相关指标：播完量、播完率、平均播放进度

短视频播放的完成指数也是数据分析的重要方面，因为播放率仅能体现观众是否点击了短视频，而播放完成性相关指标能提供播完量、

播完率和平均播放进度，让运营者了解短视频播放数据的更多细节。头条号、大鱼号等后台都有相关的播放完成性指标的数据分析，运营者可根据相关数据对短视频内容进行调整。

3. 互动数据：评论、转发、收藏、顶、踩

短视频平台除了能够显示短视频的播放情况，还会显示出短视频的互动数据，即观众的评论、转发、收藏、顶、踩的具体数。运营者可以根据这些数据分析短视频受欢迎的程度，也可以通过回复粉丝的评论加强和粉丝的交流。运营者可将粉丝的优质评论标注为“精选”或设为置顶，让更多的人关注这些评论，同时还能从后台数据中发现哪些评论是由已经关注账号的粉丝发出的。

4. 关联指标：播荐率、评论率、点赞率、转发率、收藏率、加粉率

关联指标也是互动指标，是两个数据之间互动产生的结果分析反馈，其中比较重要的数据包括：播荐率、评论率、点赞率、转发率、收藏率、加粉率。这些数据短视频平台后台也会提供，运营者可根据这些关联指标对短视频内容进行改进。

（1）播荐率：播荐率=播放量/推荐量×100%。播荐率能够表明短视频推荐后被观众打开的概率。

（2）评论率：评论率=评论量/播放量×100%。某短视频评论率高，证明该短视频能引起很多观众的共鸣，让观众愿意积极表达自己的观点，也有可能短视频本身就是热点话题，因此也更容易吸引观众参与互动。

（3）点赞率：点赞率=点赞量/播放量×100%。点赞率的高低可以在一定程度上说明短视频的受欢迎程度。

（4）转发率：转发率=转发量/播放量×100%。转发率较高的短视频传播性较强，观众希望将该短视频推荐给朋友观看，传达出观众对于该短视频的认同感。同时，开展各种有奖转发活动也能够提升短视频的转发率。

（5）收藏率：收藏率=收藏量/播放量×100%。收藏率高表明短视频为观众提供了更多的趣味或价值。趣味性强、实用价值高的短视频会获得更高的收藏率。

（6）加粉率：加粉率=增加粉丝数/播放量×100%。运营者可通过该数据得知哪个短视频的加粉率最高，也可以分析哪一个发布平台的加粉率最高，以此明确短视频的调整方向和主要发布平台。

播放量并不是数据分析的唯一依据，很多短视频的播放量虽然很高，但涨粉量并不高，这说明短视频在内容制作方面还有很多需要改进的地方。运营者可充分利用多方面的数据，寻找短视频的不足之处，并进行相应的调整，加速短视频账号的成长。

4.2.2　通过效果评估优化短视频

运营者进行短视频数据分析的目的是调整运营模式，从而提高短视频的点击率和账号的加粉率。运营者可以从内容方向、发布时间和运营的侧重点三个方面进行调整。

1. 调整内容方向

短视频的内容是吸引、留存粉丝的关键，运营者可根据数据分析调整内容方向。

例如，运营者可以根据短视频的转发率、点赞率等数据，分析短视频的受欢迎程度。如果这些数据不理想，运营者就需要反思短视频的内容是否存在问题，或者短视频的标题、简介等是否具有吸引力。同时，运营者也可以通过不同短视频间的数据对比了解哪些短视频是较受观众欢迎的，从而调整短视频的内容方向。

2. 调整发布时间

短视频发布时间是一个非常重要的调整点，选择在恰当的时间发布短视频，不仅可以获得更高的点击量，还能使观众形成固定的观看习惯。运营者可以利用专业的短视频数据分析网站进行数据采集和对比，选择出最合适的发布时间。

飞瓜数据就是一个专门分析短视频数据的网站。打开飞瓜数据首页，可以看到不同的平台选项可供选择，如图 4-3 所示。

图 4–3　飞瓜数据首页

飞瓜数据提供“视频监控”服务，可以对短视频的播放量、粉丝数等进行实时监控。通过历史监控数据，运营者可以了解某个短视频在某个时间段的播放数据、点赞量、转发量和评论量等，可以根据这些数据来调整短视频发布时间，提高短视频账号的运营效率。

3. 调整运营侧重点

运营数据是运营者评估短视频效果是否达到预期的基础要素。在此基础上，合理调整短视频运营侧重点，对短视频进行及时优化，才能进一步提高运营效率，具体的运营侧重点包括活动运营和粉丝运营。

活动运营的主要目的是吸引粉丝的关注、加强已有粉丝的黏性、带动粉丝的贡献值。转发抽奖或从点赞、评论的粉丝中抽奖都是有效的活动运营手段，能够促进短视频的推广和传播。

对活动运营数据进行分析能够明确活动运营效果，具体的活动运营数据可分为以下 3 类。

（1）宣传效果数据：活动运营是为了宣传短视频，每个渠道各自的宣传效果是运营者在规划下一步的活动时最需要关注的。在接下来的活动中，对于效果反馈好的渠道应该投入更多的资金与精力。

（2）活动效果数据：活动效果数据与宣传效果数据不同，活动效果数据更注重活动形式是否成功。活动参与人数是其关键数据，能够表明活动的受关注程度。

（3）成本控制数据：转发抽奖活动需要一定的成本支出，这种支出必须要和得到的回报成正比，只有这样活动运营才是成功的。想要衡量回报比，必须要有预估成本、实际成本与单位粉丝成本这三个数据。

预估成本是在活动策划时期按照以往经验估计得到的。实际成本往往和预估成本有所出入，在进行搜集时要注意对比。而单位粉丝成本可以量化每增加一名粉丝需要投入多大的成本，这是活动运营效果最有力的体现。

除了活动运营，粉丝运营是另一个运营侧重点。能吸引到足够的粉丝是支撑短视频账号持续成长的根本因素，粉丝量是短视频价值的体现。粉丝运营离不开以下三种数据的支持。

（1）粉丝规模数据：粉丝规模越大也就意味着短视频账号的影响力越大。粉丝规模数据中要关注新粉丝数量、老粉丝数量及流失粉丝数量这三个方面，其中，新粉丝数量在每次发布新短视频之后都要进行一次更新，这样可以更直观地看出每个短视频的播放效果，从而确定未来的短视频制作方向。老粉丝数量可以体现粉丝的黏性，流失粉丝数量的变化可以显示出当前短视频内容是否存在较大不足。

（2）粉丝黏性数据：粉丝黏性数据体现在重复观看、活跃粉丝及付费粉丝的数量上。愿意重复观看短视频或为短视频付费的粉丝，其黏性是非常大的，这部分粉丝极有可能成为短视频账号的忠实粉丝。在进行粉丝群体需求分析时，应对这部分粉丝进行重点分析，并且在未来的短视频制作过程中尽量满足其需求。

（3）粉丝价值数据：粉丝价值能够转化成短视频账号的价值，粉丝价值越高，短视频账号的市场竞争力也就越强。粉丝价值的衡量要看其单位粉丝贡献价值，单位粉丝贡献价值可以将每一名粉丝带来的效益具体化。在每增加一名粉丝或者每减少一名粉丝时，运营者可以更直观地了解其带来的影响。

运营者可根据活动运营和粉丝运营两方面的数据明确运营侧重点，从数据分析的角度掌握活动效果和粉丝动态，充分利用数据指标指导运营模式的调整。

4.3　发布细节优化：提升短视频的播放量

运营者想要提升短视频的播放量，除了选择适合的投放渠道，还应注重细节的优化。选好短视频的发布时间，明确标签的受众范围，设计好封面和标题，发布后第一时间转发，和粉丝积极互动，以及回复优质评论等，都可以让更多粉丝关注短视频内容，提升短视频的人气和点击量。

4.3.1　优化标题，利于搜索

标题影响着观众对于短视频的第一印象。标题是否吸引人，很大程度上决定了能否让观众点击观看该短视频。

如何打造一个好的标题？首先，想要起一个吸睛的标题，必须要抓住目标观众的心理。以一个减肥健身类短视频为例，“10 组最适合减肥的运动”这个标题就远没有“1 个月减掉 30 斤，她是这样做的”这个标题吸引人。在标题中表现出减肥的效果更容易吸引目标群体。同时，在为短视频取标题时，还可以营造一定的悬疑感，引起他人观看的欲望。

其次，标题的分类必须精准，很多短视频平台都会将同类短视频放到同一个板块中以方便用户观看。在这种情况下，标题分类精准才能使短视频被平台分入正确的板块中，吸引更多的目标群体。

最后，一个成功的标题，其中还必须有关键字。关键字一方面是从短视频体现的主题中提炼出来的，另一方面也是根据目标群体的搜索习惯总结出来的。将关键字放于标题中，目标群体在搜索关键词时，就能够更快、更准确地搜索到该短视频，这能够增加短视频被关注的概率。

4.3.2 首图、标签、介绍三管齐下

首图指的是短视频的首页封面。几乎所有短视频平台的首图都是由运营者自行按照规定的尺寸选择的。首图会影响观众对短视频的印象，为了吸引更多关注，短视频的首图一定要谨慎选择。

观众在平台首页进行浏览时，在每个短视频处停留的时间只有短短几秒钟，为了体现出短视频的吸引力，首图与内容之间必须具有关联性，让观众对短视频的内容有一个基础的了解。调动观众的好奇心是一个非常有效的吸引观众的方法，可以大大提高观众的关注度。首图上夸张的人物表情、动作等，有利于引起观众的观看欲望。

在当今的社交网络中，标签化逐渐成为一种趋势。不仅人物会标签化，事件、地域、物品等也纷纷被标签化了，短视频自然也不例外。例如，提起电影短视频运营者谷阿莫，人们的第一印象就是“开变声器做电影吐槽”的运营者。“开变声器”和“电影吐槽”就成了谷阿莫的标签，在提起电影吐槽时，很多人就会联想到谷阿莫。这就是标签

化的力量，标签使谷阿莫拥有了记忆点。

短视频应该如何选好标签、制造记忆点？有两点需要注意。首先，选取的短视频标签要易于搜索。尤其是在这个短视频账号的运营起步阶段，因为它既没有知名度又没有足够的资金进行广泛宣传，那么易于搜索的标签可以帮助短视频增加曝光度，从而快速积累人气。其次，短视频的标签要有特色。与众不同的短视频标签可以制造出记忆点，从而将短视频与这个标签画上等号，加深观众对短视频的印象。

观众需要快速了解短视频的内容，所以短视频的介绍一定要写得足够吸引人。想要吸引观众，首先要了解其需求，在介绍中先突出观众的痛点，然后在引起共鸣后再对短视频的内容加以介绍。同时，短视频的介绍还要简短，介绍越简短越利于观众阅读。先打好草稿，再对其进行删减，留下最简单、最击中观众心理的部分即可。

短视频介绍的风格也要与其内容相符。如果是搞笑类短视频，其介绍应该写得轻松幽默；如果是悬疑类短视频，其介绍也应该同样留下疑点，引发观众思考。与内容风格相符的介绍可以令观众在观看短视频之前就进入特定的氛围中，有利于让观众感同身受，引发观众的共鸣。

短视频的首图、标签与介绍都能够带给观众直观的感受。为了能让观众对短视频产生观看的欲望，运营者在对首图、标签与介绍进行设计时，需要从观众的角度出发，找到观众的需求，只有这样才能让短视频吸引更多观众的目光。

4.3.3 争取优质资源位

短视频想要得到高曝光率，就一定要占到好的资源位。资源位指的是短视频平台为运营者提供的平台首页及内页中的非竞价推广位置。资源位的优势在于该位置可以被每一名点进短视频平台的用户看到，而且由于其是非竞价性质的，也不会给运营者造成成本压力。下面就以弹幕视频网站哔哩哔哩（以下简称 B 站）为代表来讲解如何才能争取到优质的资源位。

B 站的推广位是 B 站最好的资源位，在 B 站首页的上方，每个点进 B 站的用户都会看到。登上推广位无疑是增加短视频播放量的有力途径。由于 B 站推广位极少，运营者想要成功登上推广位也十分不容易。B 站是一个综合类视频网站，各种类型的短视频各有千秋，只有在一定时间内播放量较高、同时有大量点赞的短视频，才可能登上 B 站推广位。这对于新手运营者而言难度还是较大的。

除了推广位，B 站首页还有各种各样的资源位，如首页推荐等，首页推荐随着用户的刷新会推荐不同的短视频，但其与推广位相比，由于刷新速度较快，很容易被用户错过。

想要在一个短视频平台上取得好的资源位，除了要了解该平台的规则，还有一些需要注意的技巧。例如，避免与其他粉丝众多的短视频账号同时发布作品。运营者在发布作品前可以观察同类短视频账号通常在什么时间发布作品，然后尽量错开那个时间，以此保证短视频的受关注度，争取到更多登上优质资源位的机会。

第 5 章

直播成交转化的关键

短视频负责“种草”和引流，直播负责“拔草”和流量变现，在通过短视频成功引流之后，直播促成成交转化以实现流量变现。直播是促成成交转化的有效手段，在直播的过程中，消费者能够感受到运营者的魅力和直播间的火热气氛，能够与运营者实时互动交流，也能够全面、详细地了解产品的功能、质量、性价比等。直播具有超强的感染力，能够在短时间内激发消费者的购物欲望从而促成成交。

5.1　直播内容的感染力

相比于短视频内容，直播内容更具感染力。消费者能够在直播中感受到运营者的情绪、魅力，能够与运营者实时交流、及时解惑，能够在全面的展示和试用过程中了解产品的高质量和优势。在直播内容的感染下，消费者能够更迅速地做出成交决策。

5.1.1　运营者本身的魅力

随着直播带货的发展，运营者的推荐已经成了许多消费者在购物时的主要参考意见，运营者能够影响消费者的购物选择。直播内容的主要感染力之一就是运营者本身的魅力，在这种魅力的影响下，经过运营者推荐的产品更容易获得消费者的青睐。

2020 年 1 月 5 日，一款名不见经传的麻辣香肠出现在了李佳琦的直播间里，在李佳琦的推荐下，这款香肠在 5 分钟内售出了 10 万余包，销售额也突破了 300 万元。推出这款香肠的“金字火腿”作为一家生产香肠、酱肉等熟食肉类的肉制品企业，原本并不为人所熟知，但在被李佳琦推荐后，便在更多的消费者心中留下了印象，打通了产品销售的通道。

同样借运营者的力量打开市场的，还有在李佳琦直播间中有超高出场率的“完美日记”。作为国产美妆品牌，“完美日记”在产品刚刚投入市场时就选择与李佳琦合作，通过李佳琦的推荐，越来越多的消费者认识了这个品牌，也有越来越多的消费者购买其产品。在李佳琦的推荐下，“完美日记”成功地进入了美妆市场。

普通品牌借运营者的推荐提升知名度、打开市场，一些知名的品牌也通过运营者的推荐提高产品销量。如美妆领域的知名品牌“雅诗兰黛”，通过和薇娅、李佳琦等运营者的合作，也大幅提高了产品销量。

直播带货对产品销售有巨大的影响，运营者推荐影响着消费者的选择，许多消费者都会购买自己信任的运营者所推荐的产品。在直播的过程中，消费者能够直观地看到运营者的动作、表情，感受到运营者的情绪、语气，感受到运营者的个人魅力，同时也更容易在这种个人魅力的引导下做出购买决策。

5.1.2 时时互动交流

直播的感染力与直播这种形式的互动性和社交性密切相关，运营者与消费者之间可进行实时的交流，这能够大大提升直播的感染力。直播中的交流互动主要体现在 3 个方面。

首先，运营者可以提出开放式问题引导消费者互动。

利用开放式问题引导消费者参与到直播中是一个行之有效的互动方法。运营者可以向消费者提出一些开放式的问题，给消费者自由发挥的空间，以此引导消费者与运营者进行互动。运营者可以向消费者询问“怎么做”“为什么”等一系列问题，让消费者积极地给予运营者反馈。

运营者在直播时询问消费者开放式问题可以使直播间的气氛变得更加活跃，同时也可以体现出运营者对消费者的关注，能够拉近运营者和消费者之间的距离，有利于运营者与消费者建立信任关系。开放式问题可以调动消费者的积极性，让运营者有更多的机会和消费者进行互动，让消费者在与运营者的互动中感到放松，更加自在地和运营者进行交流。运营者提出开放式问题可以使消费者感受到运营者希望他们参与到直播中来，从而也愿意表达自己的想法。

以销售零食为例，运营者在直播中介绍完一款零食后，可以围绕该零食提出一个开放式问题，引导消费者进行互动。例如，在介绍完一款小蛋糕后，运营者可以说：“我个人比较喜欢巧克力口味的蛋糕，不知道大家更偏好什么口味呢？”

当运营者在介绍一款口味独特的零食时，也可以以口味的独特性提出开放式问题，引导消费者进行互动。例如，运营者可以说：“这款零食中竟然含有香菜！我知道有一些人十分喜欢吃香菜，也有一些人从不吃香菜，那么大家喜不喜欢吃香菜呢？你们喜欢吃香菜或不喜欢吃香菜的理由是什么？”听到运营者的这种询问，许多消费者就会积极地表达他们对香菜的看法，与运营者进行互动。

巧妙地运用开放式问题和消费者进行互动可以提高消费者的参与感，提升直播间消费者的活跃度，同时也能够加深消费者对运营者的好感，提升消费者对运营者的信任度。

其次，运营者可以在直播中开展各种互动活动。例如通过互动问答抽取免单机会的活动，其优势主要体现在以下几个方面。

1. 强化消费者对产品的印象

运营者在介绍产品时，多数时间是在单向输出，难以确定消费者是否充分了解产品。通过互动问答，运营者可以明确消费者对产品的了解程度，同时进一步向消费者强调产品的卖点。而运营者将产品互动问答作为抽奖的前提条件，这样能够吸引更多的消费者参与到互动问答的活动中，强化消费者对于产品的印象。

2. 增强互动，拉近距离

产品互动问答的形式能够有效增强消费者的参与感，拉近运营者和消费者之间的距离。在互动中，只有答对问题的消费者才能够获得抽奖机会，因此，消费者的竞争意识也被充分调动起来了，这种抽奖方式能够让更多的消费者参与进来。

3. 让利消费者，达到福利营销的目的

产品互动问答抽免单机会是运营者开展福利营销的一种重要手段。运营者通过产品互动问答抽取免单机会让利消费者，能够增强消费者对运营者的黏性，同时激发消费者的购物热情，达到福利营销的目的。

最后，运营者可以在直播的最后阶段设置互动解答环节，回答消费者提出的问题。在最后的环节中，运营者可以集中解答消费者对于产品、优惠活动的疑问，同时，运营者也可以询问消费者对于直播的建议和意见，了解消费者的需求。

在这种实时互动交流中，运营者与消费者可以随时沟通，消费者可以直观、生动地感受到运营者的语言、动作、情绪等，也能直观地感受到直播间火热的氛围。

5.1.3 高质量的产品

直播内容的感染力同样来自高质量的产品。通过直播，运营者能够更直观地展现产品的外观、功能、使用效果等。如何通过直播展现出产品的感染力？运营者需要注意以下几个方面。

首先，运营者在日常直播中需要适当展现自身的专业性，消费者认可了运营者的专业能力，才会认可运营者对产品的介绍。例如，推销美妆产品的运营者可以在直播中多展现自己的化妆技巧，或者当消费者就某一问题提出疑问时运营者能够及时解决等。运营者在消费者面前展现得越专业，就越能得到消费者的信任。

其次，运营者需要现场试用产品。对于一些在试用后能够马上显示出功效的产品，运营者可以在直播时现场试用。例如，运营者推销美妆类产品时，可以在直播中向消费者展示该产品的上妆效果；推销某些零食时，也可以在直播中直接试吃，如实告诉消费者零食的口味和口感，以此帮助消费者选择自己喜欢的零食。

最后，运营者可以讲述使用经历。当运营者所销售的产品无法在现场试用后立刻显出效果时，就需要运营者用自己的试用经历增强产品的感染力。以销售某款祛痘痕的面霜为例，运营者在对面霜做完介绍后，可以向消费者讲述自己在试用这款面霜后皮肤获得的改善，还可以在试用面霜的过程中拍下皮肤变化的对比照片，并在直播时向消费者进行展示。

直播有利于更全面地展示产品，同时，直播的互动性也有利于产品的推销。当消费者对产品的了解不全面时，运营者能够根据评论或弹幕反馈了解消费者需求，进一步展示产品细节；当消费者对产品存在疑惑时，运营者也能够及时为其答疑解惑。直播更能直观地展现出产品的功效、细节等，对于消费者的感染力也体现得更加明显。

5.2 直播的策略

促成成交是直播的目的，为了实现这一目的，运营者需要掌握一些直播的策略。在直播之前，运营者需要做好直播的宣传预热，使直播吸引到更多人的目光。在直播的过程中，运营者要保证直播的内容具有吸引力，能够满足消费者需求，同时要时刻把握消费者的需求，适时促成成交。此外，在直播时，运营者也需要通过福利营销的方式激发消费者的购物热情、提升粉丝黏性。

5.2.1 多渠道宣传

运营者要想让更多消费者看到自己的直播，就必须通过多渠道进行宣传预热。多渠道宣传预热还能够为运营者的直播销售营造良好的氛围，激发消费者的购物热情。直播的宣传预热渠道包括以下几种，如图 5-1 所示。

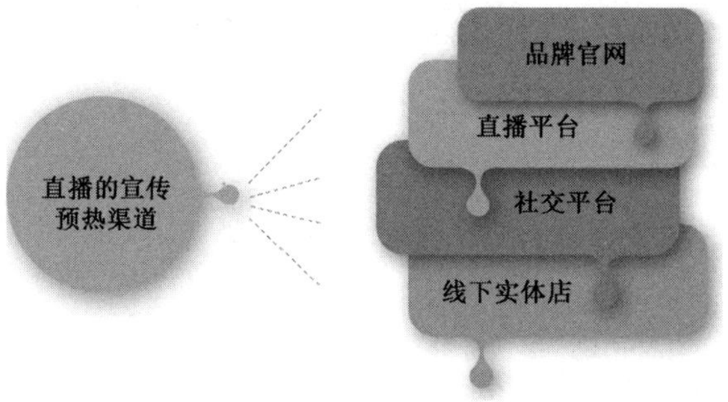

图 5-1　直播的宣传预热渠道

1. 品牌官网

品牌官网是消费者了解产品的最佳途径，许多消费者在购买某品牌的产品之前都会到该品牌的官网进行浏览。一些消费者并不关注直播，但是他们会关注自己心仪的品牌的官网。运营者通过品牌官网进行直播的宣传预热，能够吸引这些关注该品牌的消费者前来观看直播。

例如，某运营者与某手机品牌达成合作，以首席体验官的身份体验并推销该手机品牌的新款手机。在直播之前，为了吸引更多消费者观看直播，运营者在该手机品牌的官网上发布了直播预告。一些以前不关注直播，但是关注该手机品牌的消费者通过品牌官网上的直播预告了解到新款手机的直播信息，就在直播当天纷纷进入运营者的直播间购买手机。这位运营者通过在品牌官网上发布直播预告的方式吸引了更多消费者的关注。

运营者通过品牌官网进行直播宣传预热，不仅能够吸引更多消费者关注自己的直播，还能够借品牌官网证明自己所销售产品的真实性，赢得消费者的信任。有一些消费者可能会因为运营者直播间的产品价格低于官网的产品价格，从而对运营者所推销的产品的真实性产生怀疑。如果运营者将直播预告发布在品牌官网上，那么就表明了运营者与品牌合作的真实性，这能够很好地打消消费者对产品真实性的怀疑。

2. 直播平台

直播平台是沟通运营者和消费者的重要渠道，运营者也可以通过直播平台进行直播的宣传预热。

以淘宝平台为例，淘宝平台的首页有直达淘宝直播间的入口，运营者可以将自己的直播预告发布在淘宝直播的广场上。同时，淘宝平台的直播激励机制对于运营者而言也是十分友好的。当运营者制作的直播预告内容足够优秀时，淘宝平台会将运营者的直播预告内容放在直播广场最显眼的地方，让更多消费者能够看到。在其他电商平台进行直播宣传预热也是如此，电商平台的用户优势、直播激励机制等都会为运营者的直播宣传预热提供支持。

3. 社交平台

运营者需要多在社交平台上进行直播宣传预热。

（1）通过微信发布直播预告：运营者可以通过朋友圈推送直播预告，并设置转发福利。例如，“转发此条信息至朋友圈中，可凭截图领取 10 元代金券”。这样便可以通过消费者的朋友圈转发实现直播宣传。运营者也可以通过微信公众号发布直播预告，将直播间的直达链接放在微信公众号中，让消费者能够更加便捷地进入直播间。

（2）通过微博发布直播预告：除了微信，运营者也可以在微博上发布直播预告。微博上的新闻热点层出不穷，为了让更多人看到直播预告，运营者可以通过转发抽奖的方式引导消费者转发微博。例如，运营者可以设置“转发、评论本微博，晚上 8 点抽取 3 人送出精品美白套装”。转发抽奖活动可以充分调动消费者转发微博的积极性，而且微博的曝光率要远大于微信朋友圈的曝光率。

（3）微博、微信大 V 的付费宣传：微博、微信大 V 拥有庞大的粉丝群体，具有很强的号召力和影响力，因此，运营者可以借助他们的影响力为自己的直播做宣传。微博、微信大 V 的宣传能力要比一般的微博、微信账号高很多，会给运营者带来更高的转化率。同时，不同的大 V 有不同的定位。因此，在寻找微博、微信大 V 时，运营者一定要分析其定位是否与自己所推销的产品的定位一致，只有选择合适的微博、微信大 V 才能实现最高效的宣传推广。

4. 线下实体店

当运营者自身拥有线下实体店或者与拥有线下实体店的品牌商合作时，也可以把直播预告放到线下实体店中。许多习惯于在线下实体店购物的消费者或许没有接触过直播购物，但其对产品是有需求的，所以他们也极有可能成为运营者直播间的粉丝。因此，运营者要吸引这部分消费者关注自己的直播。

总的来说，直播之前的多渠道宣传是十分必要的，观看直播的人数越多，直播所产生的转化效果才会越好。运营者需要在直播之前充分借助品牌官网、直播平台、社交平台、线下实体店等进行多渠道直播宣传，让直播吸引更多人的关注。

5.2.2　充分满足消费者的需求

在直播的过程中，运营者在展示产品时，必须要抓住消费者的需求，重点介绍消费者想要了解的内容。以美妆产品为例，在介绍产品时，运营者可以重点介绍产品的以下几个方面，这些都是满足消费者需求的重点内容，如图 5-2 所示。

图 5-2 介绍产品的重点内容

1. 品牌故事

运营者可以和消费者分享品牌创立及其发展过程中有意义的事件，分享一些经典的品牌故事。这些故事能够体现出品牌的理念，增强消费者对品牌的认知。

2. 产品成分

近几年来，消费者对产品成分的关注度越来越高，越来越关心产品的成分里究竟有什么，是否对身体有害等。同时，他们也会愿意为含有某种成分的产品买单，例如含有氨基酸的洗面奶、含有维生素 B 的舒缓修复乳液等。因此，运营者在介绍产品时需要详细讲明产品的成分，表明产品中不含有害成分，并讲明产品中所含的特殊成分的功效等。

3. 产品功效

很多运营者在介绍美妆产品时都会重点介绍产品的功效，这也是消费者非常关注的一个方面。运营者要依据自己的使用感受如实地讲解产品的功效，不可夸大产品的功效，更不能进行虚假宣传。

4. 产品展示

运营者在进行产品展示时，可以围绕产品讲解多方面的知识，如产品外观设计、使用技巧、使用效果等。

（1）产品外观设计：运营者可以介绍产品的设计特点及设计的优势。

（2）使用技巧：运营者可以在直播中试用产品以展示产品的使用技巧，也可以进一步展示该产品与其他产品搭配使用的技巧等。

（3）使用效果：对于粉底、眼影等美妆产品，运营者可以展示其上妆效果，让消费者明确地了解产品的使用效果。

5. 使用感受

运营者可以从使用前皮肤是什么状态、使用后皮肤状态的变化等方面讲解产品的使用感受。

6. 同类产品对比

运营者可选择其他一些同类型产品，分析其不同之处，从而显示出该产品的优势。

在展示产品时，只有让消费者充分了解了产品的优势，才能够激发消费者的购物热情，从而提高产品的销量。

5.2.3　时刻把握消费需求

在介绍产品时，运营者要把握好介绍的流程，适时停止对产品的介绍，以免消耗消费者的购物热情。如何做到适时停止对产品的介绍？运营者要注意以下两个方面。

一方面，运营者对于产品的介绍不应太多，讲明产品的重点内容即可。消费者购买产品的转化率和消费者停留在产品页面的时长在一定条件下是成反比的。一般而言，当消费者在产品页面的停留时间长于 1 分钟之后，时间停留得越久，消费者购买的转化率就越低；当消费者停留时间长于 2 分钟时，转化率下降得更加明显。因为消费者在产品页面停留的时间越长，考虑的因素也会越多，越有可能放弃购买产品。

在运营者直播带货的过程中，这样的消费心理对观看直播的消费者而言同样适用。当运营者推荐完一款产品时，想要购买该产品的消费者的购物欲望已经达到了顶点，这时运营者就应该立刻放出产品购买链接。如果运营者继续对产品做冗杂的介绍，反而会降低消费者的购买欲望。

另一方面，运营者一定要讲完产品的重点内容后再停止介绍，不能随意中断介绍，消费者对产品不够了解时，也很难产生购买欲望。运营者要想让消费者在情绪高涨时购买产品，就必须要先学会带动消费者的情绪，在成功地引起消费者的购物欲望后才能停止产品展示。

当运营者推销的是预订类产品时，可能在运营者介绍产品的过程中，有很多消费者都会表达购买意向，但等产品上架后，这些消费者的购买欲望已经减弱了，因此真正下单的消费者可能并不多。消费者的购物热情是很容易消退的，为了成功地推销出产品，运营者需要在消费者购物热情最强烈时让消费者快速下单，不给消费者考虑的时间。

赵宇是一家淘宝水果店的店主，同时也会通过直播的形式推销店铺里的水果。赵宇店铺中的水果都来自自家果园，每当一种水果成熟前夕，赵宇都会在直播间预告即将上架的水果。

2019 年 4 月，果园中的草莓即将成熟，赵宇在直播间详细介绍了草莓的品种、口味等，并向消费者预告了草莓的上架时间："草莓会在一周后上架商店，到时候大家一定不要忘记购买。"令赵宇感到意外的是，虽然观看直播的许多消费者都表明了自己的购买意向，但是草莓上架后，销量却并不理想。

在经过反思后，赵宇认为草莓销量不高的原因就在于自己在直播时并未及时满足消费者的购物需求。几个月后，果园里的桃子成熟了，在这次进行桃子的预售直播时，赵宇除了介绍桃子的品种、特点，还在直播间放上了桃子的预售链接："桃子将在半个月后上架，想购买桃子的朋友可以点击链接预付定金，预订的订单在桃子上架后将会优先发货，同时预付定金还会享受 8 折优惠，大家快来下单吧。"

经过赵宇这样的宣传，直播间里的许多消费者纷纷预订了桃子。半个月后桃子正式上架时，已经支付了定金的消费者也都纷纷购买了桃子。

运营者在直播销售中要时刻把握消费者的购买欲望，一旦消费者表现出了强烈的购买意向，就要乘胜追击，立刻让消费者支付定金或者全款，不给消费者考虑的时间。这样做能够最直接地减少消费者犹豫的时间，提升产品的成交率。

5.2.4　福利营销：发放惊喜奖励

福利营销是直播的重要策略，在直播的过程中进行福利营销，能够极大地激发消费者的购物热情，实现产品销量的爆发式增长。福利营销主要有三种方式，如图 5-3 所示。

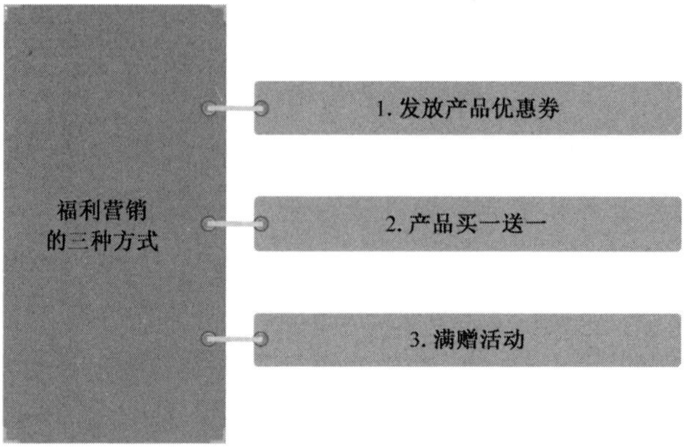

图 5-3　福利营销的三种方式

1. 发放产品优惠券

乔然是一名短视频账号运营者，同时也会通过直播的形式进行产品销售。因为她精通化妆技巧，所以她在直播间推销的产品多为化妆品，产品品类比较单一。同时，由于化妆品的单价比较高，在直播间下单的消费者并不多。为了激发消费者的购物热情，乔然决定在直播间发放产品优惠券。

在接下来的一次直播中，介绍完一款美白精华后，乔然发放了美白精华的 10 元优惠券，同时又发放了化妆品店铺的满减优惠券。该优惠券适用于店铺中的全部产品。此外，乔然又向直播间的消费者表明了分享领取优惠券的规则，即邀请一位好友进入直播间后就可以获得额外的产品优惠券。在这次直播中，乔然发放了大量的产品优惠券。最终乔然该次直播的销售额比平时上涨了 50%，这让乔然十分高兴。

原本乔然直播间的产品销量并不高，而乔然通过发放产品优惠券的方式提高了直播间的销量。发放产品优惠券这种福利营销方式实行起来几乎没有成本，并且发放的对象也是直播间里的消费者，实现了精准投放。消费者在运营者的介绍和产品优惠券的发放的双重吸引下更容易下单购买。

产品优惠券能够激发消费者的购物热情。如果消费者对运营者推销的产品较满意，而运营者又向其发放了产品优惠券，那么就能够有效刺激消费者将消费想法转化为行动。同时，运营者发放产品优惠券也能够宣传店铺及产品，提高店铺及产品的知名度。

运营者也可以在消费者完成下单后为消费者发放优惠券，以此吸引消费者进行二次消费。而且，运营者在发放产品优惠券时也要设置一定的规则，如产品优惠券不兑现、不找零、有明确的使用期限、过期不补等。

2. 产品买一送一

“产品买一送一”是一种典型的以产品为中心的福利营销方式。产品买一送一和产品直接打 5 折销售是有区别的。例如，一件产品买一送一，即运营者同时销售出了两件产品，而在产品打 5 折时，消费者只需花一半的钱即可购买一件产品。所以，买一送一的营销方式更能提高产品的销量。

产品买一送一并不意味着运营者赠送给消费者的产品必须和消费者所购买的产品相同，也可以是买一件衣服送一条围巾，这种营销方式是以“赠送产品”来吸引消费者的注意力的。

3. 满赠活动

2019 年国庆节期间，某化妆品直播间开展了“多买多送，节日购不停”的福利营销活动。活动规定，消费者一次性购物满 99 元即可成为店铺会员，全场享 8.8 折优惠。

同时，该福利营销活动设置了不同的梯次。消费者一次性购物满

199 元，店铺即赠送价值 99 元的化妆刷套装一套；满 299 元，赠送价值 158 元的面膜套装一套；满 399 元，赠送价值 299 元的美白套装一套；满 499 元，赠送价值 399 元的品牌美容金卡一张，多买多送。由于该店铺的客单价普遍在 200～300 元之间，所以，此次满赠活动最高设置在 499 元档次。如果一次性购物额超过此梯度，消费者可主动联系客服人员，协商满赠优惠事宜，将有神秘大礼送出。

满赠活动是以产品为核心进行福利派送的主要形式，即购物满一定额度以后消费者可以获得某些赠品。运营者可以标明赠品的价值，也可以不标明赠品的价值。例如，运营者可以规定“满 599 元赠精美饰品一件”。这件“饰品”只用“精美”加以描述，不涉及其真实价格。消费者很难用 599 元去衡量饰品的现金价值，从而忽略自己实际付出价值与“饰品”价值的对比。这能在一定程度上避免消费者产生“赠品都是次等品”的想法。

福利营销是提高直播间销量的有效方法，能够激发消费者的购物热情。同时，为了刺激消费者尽快做出购买决策，运营者在进行福利营销时也要明确福利的时限，例如规定“前 1 小时下单享 8 折优惠”“前 100 个订单有好礼相送”等，以此突出福利活动的稀缺性，促使消费者尽快下单。

第 6 章

IP 流量池：如何获取第一批粉丝

短视频账号的粉丝，尤其是铁杆粉丝，对于账号的成长而言是十分重要的，无论是短视频还是直播运营账号，都离不开粉丝的支持。万事开头难，如何获取第一批粉丝？短视频账号要展现自身魅力，打造自身光环，借助大咖与热点的影响力吸引粉丝。

同时，通过参加或开展各种活动也能够获得更多粉丝的关注。此外，为粉丝提供优惠，培养粉丝观看短视频或直播的习惯，也有利于第一批粉丝的沉淀。

6.1　光环+热点

对于短视频账号而言，要想快速获得第一批粉丝，就要借助其他因素的力量。借助火热的 IP、明星大咖、热点话题等都可以使短视频获得更多关注。

6.1.1　用短视频 IP 打造光环

当前，IP 已经成为一个流行词汇。什么是 IP？IP 即 Intellectual Property 的缩写，原意是指知识产权，现在被扩展解释为一切拥有知名度、具备一定市场价值的东西。运营者如果能借助当下火热的 IP 来丰富短视频内容，就能更顺利地吸引到第一批粉丝。

当下，嘻哈文化十分盛行，不少电视台也推出了推广嘻哈文化的电视节目，许多短视频运营者也推出了与嘻哈文化相关的作品。其中有一个短视频系列作品引起了很大的反响，那就是《迪士尼公主说唱大战》。这一系列的短视频每一期都会选择两位迪士尼公主，以她们的形象进行说唱对战，将迪士尼公主的故事重新编写，以说唱的形式表现出来。

迪士尼公主系列是全球性的火热 IP，深受人们的喜爱。迪士尼每年也在不断推出新编版的迪士尼公主电影，持续保持 IP 的热度。说唱这种音乐形式接受面较窄，以往只有一些追求潮流的年轻人喜爱，不了解说唱的人在接触初期很难对其产生兴趣，这也是说唱类短视频难以提升热度的原因。

但当说唱类短视频有了迪士尼公主这一光环的加持后，借助迪士尼公主的热度，《迪士尼公主说唱大战》系列短视频也获得了更多的关注。每一位迪士尼公主都有大量的粉丝，这种两两一组的对战方式制造了争论点，引起其粉丝各自站队，争论到底哪位公主更胜一筹，从而引发了热点话题，增加了短视频的播放量，使短视频账号获得了大量粉丝。

除了借助火热 IP 的影响力，还可以将自身打造成一个 IP。在这种情况下，吸引粉丝的就不只是短视频内容了，而变成了短视频账号的整体形象。当短视频账号自身成为 IP 时，就具有了短时间内的不可替代性，自然也能吸引到一大批粉丝。

如何打造短视频 IP？首先要选准定位。故事型 IP、知识型 IP、产品型 IP、日常搞笑型 IP 都是短视频 IP 的类型，运营者需要根据自己的优势和粉丝需求进行分析，明确自己的定位。

其次，运营者要进行人设强化。运营者需要为短视频账号打造一个 IP 形象，这个形象可以是自己，也可以是创作的卡通形象。确定打造人设的主体后，就要强化人设。运营者可以将 IP 形象作为短视频账号的头像，也可以在每一期短视频的首图中表现出 IP 形象。同时，IP 形象应该有鲜明、固定的造型，以便强化 IP 形象的人设。最后，短视频的封面应统一风格样式，色调、字体等与人设风格一致。

具有差异性的短视频 IP 才是成功的，短视频 IP 要打造自身的差异性。这种差异性体现在短视频头像、简介、封面、内容的方方面面。运营者需要分析其他短视频账号的共性和差异性，结合自身优势打造自身短视频 IP 的差异性。

此外，粉丝的反馈对于打造短视频 IP 而言也十分重要。当某个短视频在粉丝群体中有强烈反响时，运营者就应对这种现象进行研究，找出其最受粉丝欢迎的点，从这个角度去打造短视频 IP。

6.1.2　大咖背书，传递影响力

“大咖”指的是在某个领域取得很大成就的人，其在某一领域往往拥有超强的影响力，而“背书”则指的是某个人对某人或某事的支持，邀请大咖背书能够借大咖的影响力吸引更多关注。当大咖推荐了某一短视频账号之后，大咖的一些粉丝就会成为短视频账号的粉丝，从而使短视频账号快速获得第一批粉丝。

大咖拥有庞大的粉丝群体，这些粉丝对于大咖是十分信任的，对于大咖推荐的短视频账号，其粉丝也会产生一种爱屋及乌的心理，自然也就愿意去关注了。大咖通过其知名度与美誉度为粉丝提供了安全感，建立了信任体系，增强了短视频账号的可信任度。

如何邀请大咖为自己背书？主要有两种方式。首先，运营者在制作短视频时可以邀请大咖出镜，也可以邀请大咖作为嘉宾参与到直播中。这种方式是十分直接的大咖背书的方式，有大咖参与的短视频或直播也会获得更多关注。其次，运营者可以邀请大咖对自己进行评价，如果大咖能够公开表示对于某短视频账号、短视频内容或直播内容的称赞，就可能会有更多人认可大咖的观点，从而成为短视频账号的粉丝。

大咖背书是一个信息传播的过程，其为短视频账号提供了获取第一批粉丝的机会，起到了正面积极的影响，而当短视频账号逐渐成长后又会反作用于大咖，形成一个良性循环。在这种循环中，短视频账号不断成长，影响力也不断增强，对于粉丝的吸引力也不断加强，从而能够吸引到越来越多的粉丝。

6.1.3 借助热点话题，提升热度

想要借助热点话题来提升短视频的热度，首先要找到热点话题。热点话题指的是在一定时间、一定范围内人们最为关心的问题。运营者通过制作与其相关的短视频，可以在用户基础非常薄弱时获取第一批用户。

常见的热点事件分为周期性热点事件与突发性热点事件两种。

周期性热点事件的持续性较好，运营者在制作短视频时准备时间也比较充分。例如，网剧《白夜追凶》热播时成了一个被津津乐道的热点话题，许多与电视剧相关的网站与杂志都对其进行了报道。

在《白夜追凶》的热度逐步攀升的情况下，许多运营者都推出了与其相关的短视频。由于《白夜追凶》的观众群体较大，很快这些短视频就有了一定的热度。不同短视频的侧重点也有所不同，有的是讲解剧情，有的是评价演员演技，有的是侧重于情感分析。在结合热点制作短视频时，从与众不同的切入点入手，更能吸引人们的目光。

从周期性上看，电视剧《白夜追凶》因为收视率良好即将推出第二部，不少喜爱该电视剧的影迷会对该片持续关注，该热点话题也因此具备了持续性的特点。

突发性热点事件虽然可以在很短的时间内吸引大量的流量，但是并不具备持续性的特点，往往热点过后就无人问津。因此，运营者在结合突发性热点创作短视频时，一定要把握住时机，尽早推出短视频。同时需要注意的是，突发性热点事件的变化性很大，很有可能在事件发酵的过程中被推翻，因此对于这种话题，运营者应慎重选择。

热点事件的选择需要遵从一定的章法，应尽量选取与短视频内容相关性高的热点事件。因此，运营者要懂得取舍，避免出现短视频作品内容松散的情况。

6.1.4　李佳琦是如何做抖音短视频的

直播行业的火爆为传统电商平台注入了活力，各大电商平台陆续推出直播板块，商家和有一定粉丝基础的网络红人们迅速抓住此次机遇，开辟出了“电商+直播”的卖货新路径。

随着电商直播的火速升温和越来越多商家的加入，直播卖货的竞争也越来越激烈，许多直播带货的主播也开始进军短视频领域。淘宝的知名主播李佳琦在入驻抖音的两个月内，粉丝就突破了 1300 万人，截至 2020 年 7 月，其抖音粉丝已突破 4300 万人，如图 6-1 所示。

李佳琦是淘宝直播美妆领域的头部主播，曾创下一系列奇迹，例如两小时的直播中试涂 380 多支口红，15 分钟卖掉 15000 支口红，创下 30 秒为多人涂口红的世界吉尼斯纪录。

虽然在淘宝直播拥有超强人气，但转换平台对于任何主播来说都是一项挑战。他们不仅要适应新平台的规则，对内容进行调整甚至重新规划，也需要引流和进行粉丝沉淀。入驻抖音初期，李佳琦的内容尚未成熟，反响一般。2018 年 12 月，其内容的整体风格、结构才逐渐统一，并形成固定的体系。

图 6-1 李佳琦抖音账号

李佳琦是如何走红抖音的？李佳琦本身具有 IP 光环，个人特色鲜明，极具话题度。除此以外，李佳琦在抖音的走红还离不开以下因素的助力。

首先，内容封面风格统一，短视频中有适当的关键字幕作为提示。短视频中，李佳琦在挑选不同色号的口红进行试色的同时，也会为大家讲解口红的质地、颜色效果等细节。他的试色效率高、内容完整，同时快节奏的剪辑风格符合抖音用户的观看习惯。

其次，打造语言标签。李佳琦在试色的过程中，对于优质的产品，他一定会惊呼“Oh my god（我的天呐）”，然后让粉丝“买它”，这样的语言极具感染力。后来李佳琦又多了一个独具特色的语言标签——“所有女生”。他幽默夸张的面部表情，也给观众留下了深刻印象。

最后，融合卖点。李佳琦的短视频最大的特色除了坚持用嘴唇试色，就是用最直观的方式表现产品的特性。例如在展现不掉色的口红时，他会直接亲透明的杯子，然后把杯子展示给观众看，非常直观、真实。除了产品本身的卖点，他还会借“某明星同款”“某品牌产品代替款”等标签来打造产品卖点。

6.2 活动+分享

活动的主要目的就是被更多的人看到，对于运营者来说，要想提高短视频的曝光率，就要多参加各个平台举办的相关活动或者多通过分享的方式增加曝光度，最大限度地让更多的人看到短视频。只有被观众看到了，才有机会将观众转化为自己的粉丝。“活动+分享”的方式能够提高短视频的曝光率。

6.2.1 参加短视频比赛，凸显自身

参加短视频比赛是增加曝光度、获得粉丝关注的有效手段。但是，现在短视频相关的比赛种类繁多，参与者也同样众多，这使得在众多短视频中脱颖而出十分困难。想要在短视频比赛中取得好成绩，关键就在于让该短视频获得足够的热度，即足够的关注度。热度有了，短视频在列表中的位置便会更靠前，能够被更多的人看到，这是一个相辅相成的过程。

抖音是当前十分火爆的短视频平台，经常有各种各样的短视频比

赛活动，如“谐音梗挑战赛”“大胃王挑战赛”“分贝挑战赛”等，这些活动都为短视频的曝光提供了机会。

以抖音火爆的“爱的手势舞”活动为例，该活动有上百万人参加，获得了极大的关注，而从活动中脱颖而出的短视频也获得了近十万的点赞量，同时获得了众多用户的评论和转发，如图 6-2 所示。

图 6–2　“爱的手势舞”活动优质短视频

该短视频获得了极高的点赞量和转发量，同时在评论中，许多人都表示该短视频中的手势舞非常优美、流畅，这位创作者也因此获得了许多粉丝的关注。

短视频比赛是一个契机，运营者可通过参加比赛吸引到更多人的目光。如果短视频内容优质，能够在众多短视频中脱颖而出的话，便能够获得众多观众的点赞与转发，同时这些观众也很有可能成为短视频账号的粉丝。

6.2.2 社会化媒体互动转发

社会化媒体的类型多种多样，是一个复杂的媒体合集，微博、微信等社交平台，QQ 音乐、网易云音乐等音乐平台，优酷、爱奇艺等视频平台都是社会化媒体的组成部分。社会化媒体的出现丰富了用户的娱乐方式，也强化了营销过程中用户的自发性作用。

社会化媒体互动转发是通过社会化媒体进行短视频营销的有效手段。社会化媒体营销是指利用社会化网络，在不同社交平台上进行营销，建立公共关系和维护、开拓粉丝的一种方式。社会化媒体互动转发常常运用在微博等综合性社交平台中，运营者通过这种方式可以提升短视频的传播速度。

在通过社会化媒体进行短视频营销前，首先要确定营销的目的。短视频营销的目的有两个：扩大影响力与提高播放量。这种影响力必须是正面的，只有正面的影响力才能塑造好的口碑，最终形成口碑效应。

张沫凡是一名知名的网红博主，经常发布一些穿搭类、美妆类的短视频，分享自己的心得，其短视频也得到了良好的反响。此外，她还曾发布过一期讲述自己失败爱情经历的《失恋过吗》短视频，该短视频在微博上引起了大量的转发，同时有很多网友纷纷在该短视频的评论区讲述自己的故事，张沫凡也会选择有代表性的评论进行回复，与粉丝互动。凭借这种社会化媒体的互动转发，该短视频收获了超过 14 万次的转发，同时也为张沫凡带来了众多的粉丝。

上述案例就是一次成功的社会化媒体营销，《失恋过吗》短视频通过这种互动转发，获得了极高的播放量。许多人都有过失恋的经历，也有很多人有自己的故事，张沫凡以失恋为切入点制作短视频，引起了许多人的共鸣。同时，通过这次营销活动，张沫凡还提高了自己的影响力，获取了大量的粉丝，为之后的穿搭类、美妆类短视频的上线及火爆打下了坚实的基础。

在社交平台上进行社会化媒体营销时，一定要选择一个能够引起众人共鸣的主题。而在短视频的互动转发获得了良好的曝光效果时，运营者应该立刻乘胜追击，加大力度对短视频进行宣传，实现短视频的进一步曝光。

6.2.3　直播活动，点燃热情

除了短视频，运营者也可以在直播的过程中开展活动，并通过分享的方式增加直播的曝光度，吸引更多粉丝关注直播。在吸引新粉丝方面，老粉丝的价值是巨大的，运营者可以借助老粉丝开展直播活动，积极促成“老带新”。推出极具优惠力度的拼团活动能够有效激发老粉丝的购物热情，促使其在微信、微博等平台上分享拼团链接，从而吸引新粉丝参与到拼团活动中来。

徐燕是一名短视频账号的运营者，通过发布短视频和直播带货积累了一些粉丝，也初步实现了账号的变现。为了进一步吸引粉丝，提高直播带货的收益，2019 年“双十一”前夕，徐燕决定组织一次拼团活动，激发粉丝的购物热情。于是，徐燕在 11 月 5 日的直播中预告了“双十一”当天的拼团活动：

（1）“双十一”当天，以“2 人即可成团”的方式开展拼团活动，诱发粉丝迅速抢购。

（2）设置梯度优惠，买得越多省得越多。例如，粉丝购买某精华，1 瓶单价 138 元，2 瓶 238 元，3 瓶 318 元。

（3）“双十一”当天消费额度最高的粉丝将获得直播间赠送的价值899元的美白套装。

（4）在拼团活动中，如果老粉丝带动了新粉丝前来参加拼团活动，那么老粉丝将会获得额外的返利优惠。

除了发布活动规则，徐燕还在直播中详细地为粉丝讲解了参与拼团活动的产品种类、与平时相比的优惠力度等，进一步激发粉丝拼团购买的积极性。

通过预告超值优惠的拼团活动，徐燕的直播间吸引了大批粉丝的关注，在“双十一”当天，拼团活动一开始，直播间的销量就节节攀升。为了进一步刺激粉丝的购物欲望，徐燕还在直播间以“粉丝昵称+所购产品名+数量”的形式实时晒出粉丝的购物清单，这一举措极大地活跃了直播间的氛围，也促使更多的粉丝积极成团下单。

此次活动结束后，徐燕的店铺在“双十一”当天的销量比平日增加了 3 倍，粉丝复购率也大大提高。此外，徐燕还借助拼团邀请这一“活动+分享”的形式，吸引了更多粉丝的关注。

6.3　利益+习惯

能够获取利益对于粉丝而言是具有很大的吸引力的，为吸引到第一批粉丝，运营者可以适当给予粉丝一些优惠，提升短视频和直播对于粉丝的吸引力，同时增加曝光度。在吸引粉丝的同时，运营者需要通过定期抽奖、坚持日更等手段，令粉丝养成习惯，长期关注短视频或直播，提升粉丝黏性。

6.3.1　赠送小礼物，保持粉丝黏性

在进行账号运营时，赠送小礼物是吸引粉丝、留存粉丝的有效手段，在发布短视频或进行直播时，运营者都可以开展各种福利活动，为粉丝发放小礼物。

在发布短视频环节，最常见的福利活动就是转发抽奖。这在为粉丝提供福利、吸引粉丝的同时也能够促进短视频的推广传播。“Bigger 研究所”是一名知名的微博原创短视频博主，其短视频的内容涉及好物测评、生活热点现象分析、旅游探店等多个方面，拥有超过 430 万

微博粉丝。高质量的短视频内容、稳定的更新频率等都是“Bigger 研究所”深受粉丝喜爱的原因，同时，其吸引和留存粉丝的关键还在于其发布的很多短视频都与转发抽奖活动联系在一起，如图 6-3 所示。

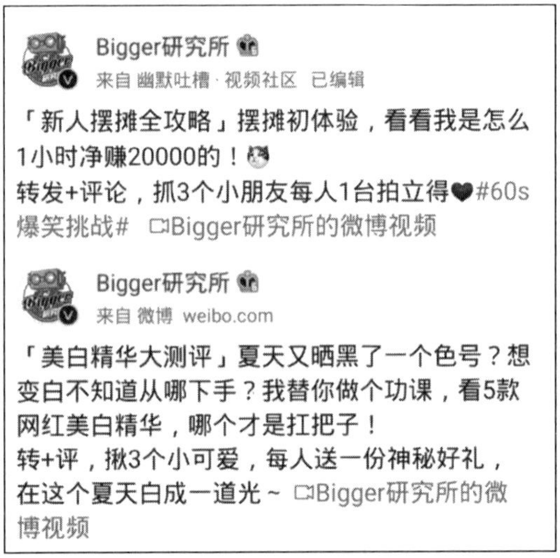

图 6-3 “Bigger 研究所”短视频的转发抽奖活动

在开展短视频的转发抽奖活动时，运营者需设置一定的规则，如“关注+转发+评论”或“转发+评论”才可参与抽奖活动等。这些规则有利于短视频的曝光和推广。

在开展直播的环节，运营者也可以通过赠送小礼物吸引粉丝、留住粉丝。直播中的福利活动多种多样，产品买一送一、满减活动等都能够吸引粉丝的关注，通过定期抽奖也能够吸引大量的粉丝，提升粉丝黏性。

开展抽奖活动并不是单纯地将奖品送出去，运营者需要把握开展抽奖活动的规则。首先，运营者要让更多的粉丝知道将要举行抽奖活动，同时让其了解抽奖的形式和内容。运营者可以提前发布抽奖活动的预告，吸引更多粉丝的关注。定期开展直播抽奖活动能够持续刺激粉丝观看直播，从而留住粉丝。

其次，定期抽奖并不意味着每次开展抽奖活动时都要在公告中写明抽奖的具体时间，运营者可以在公告中表明本次直播有抽奖活动，同时在直播的过程中确定抽奖的具体时间。运营者可以根据产品的销量、点赞量等设置抽奖活动，例如可以设置点赞达到 5 万次即抽取一名粉丝送出价值 599 元的蓝牙耳机等，以一个不确定因素作为抽奖的条件，增加粉丝的期待感。

再次，运营者要注意直播的节奏和与粉丝的互动，在抽奖之前，应提醒粉丝点赞、评论、发弹幕等，使直播间的气氛活跃起来，然后再进行抽奖。抽奖的整个过程应公开、公平、公正，以免粉丝质疑抽奖的公平性。

在开展抽奖活动时，并不一定每一次抽奖都要赠送价值非常高的奖品，也可以通过增加抽奖次数、降低奖品价值吸引粉丝关注。这种方法同样也能够起到吸引并留存粉丝的作用。

6.3.2　坚持日更，培养粉丝习惯

保证短视频的更新频率是十分重要的，这样有利于培养粉丝的观看习惯，尤其是对于初创的短视频账号而言，坚持日更是十分有必要的。日更短视频有利于在短时间内积累大量的运营数据，也有利于运营者在新手时期快速找准自己的定位。

日更短视频可以快速吸引大量的粉丝。现在是一个信息爆炸的时代，各种新鲜的网络事物层出不穷，淘汰速度也十分快，如果发布短视频的时间间隔太长，则容易被粉丝遗忘。日更短视频可以保证账号的活跃度，加深粉丝对于短视频账号的印象。

“徐大 sao”是一名知名的美食 UP 主（上传者），其短视频温馨朴实，十分受粉丝喜爱。自 2018 年 12 月在 B 站发布短视频开始，截至 2020 年 7 月，其粉丝数已接近 460 万人，增长速度十分惊人，这和“徐大 sao”坚持日更有密切的关系，如图 6-4 所示。

图 6–4　“徐大 sao”的短视频

“徐大 sao”上传短视频的频率十分高，基本保持了日更的节奏，这使得其吸引了众多的粉丝，几乎每一期短视频都可达到一百余万次的播放量。同时，许多粉丝纷纷在短视频的评论区评论、互动，粉丝活跃度也非常高。

坚持日更也是培养粉丝习惯的一种方法。通过每日为粉丝提供新的短视频、吸引粉丝观看，能够加深粉丝对于短视频账号的认知。以“徐大 sao”为例，其坚持日更就在粉丝心中留下了深刻的印象，如图 6-5 所示。

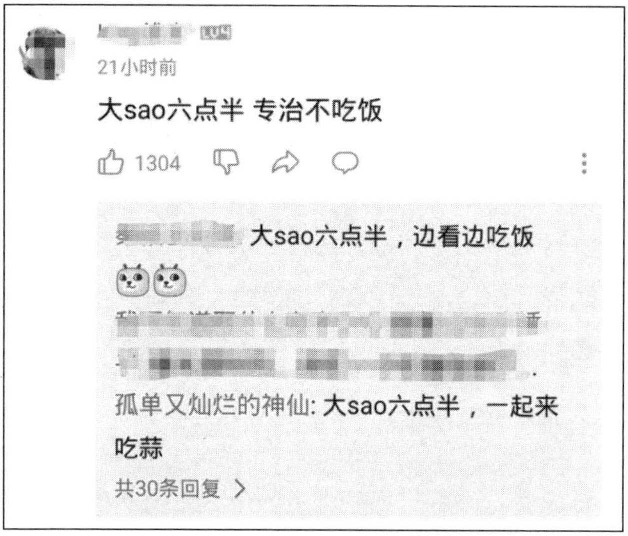

图 6-5　“徐大 sao”短视频的粉丝评论

因为“徐大 sao”几乎总是在每天六点半发布短视频，所以“大 sao 六点半”成了深深印在粉丝脑海中的认知，甚至当“徐大 sao”提前更新短视频时，粉丝也会在下面发表“我手表坏了？已经六点半了？”等评论。

习惯并非是与生俱来的，它有自身的形成机制，而日更短视频恰好符合这种形成机制。想要成功培养粉丝习惯，就必须充分了解这个机制并且按照其步骤按部就班地进行操作。

1. 给予暗示

短视频保持日更可以给粉丝一定的暗示，尤其是在更新时间固定时，到了这个固定的时间，粉丝就会想起短视频更新了，也会自然而然地去观看。粉丝每天也就有了期待感，从而养成每天都要观看短视频的习惯。

给予粉丝暗示的同时，还要注意激发粉丝对短视频的渴求。短视频必须至少有一个闪光点，如温馨、幽默、有创意等，激发粉丝对短视频的渴求。

2. 保证条件，方便执行

运营者每日更新的时间最好选择粉丝方便观看时，比如下班后或者晚饭后。这样为粉丝制造了执行的条件，使粉丝很容易就能养成每天来看短视频的习惯。

3. 达成目标，给予奖励

在粉丝每天坚持来看短视频之后给予一定的奖励，可以有效提升粉丝活跃度。这种奖励可以是物质上的，比如粉丝每天坚持在新发的短视频下面评论，集齐多少天的评论，可以凭借截图换取礼品。给予粉丝的奖励同样可以是精神上的。这就需要运营者充分了解目标粉丝的心理需求，然后在之后的短视频作品里通过情节的编排满足粉丝的这种心理需求，令粉丝产生满足感，得到精神上的奖励，以便令粉丝养成习惯。

6.3.3 薇娅：用抽奖调动直播气氛

淘宝知名运营者、被称为“淘宝直播一姐”的薇娅拥有超强的带货能力，曾在单场 2 小时内实现了 2.67 亿元的销售额。薇娅的直播几乎每天都有，直播的时长为 4～8 小时。而且，直播间的产品品类众多，涵盖了家居、零食、护肤、彩妆等各个方面。同时，薇娅在粉丝的吸引和留存方面也下足了功夫。

例如，薇娅在每场直播的开始都会讲一句：“话不多说，我们先来抽一拨奖。”而用来抽奖的奖品都是非常热门的产品，如华为手机、苹果平板电脑等。这样简单直接的开场白加上价格不菲的奖品很容易吸引粉丝的目光，因而一开始就在直播间营造出一拨小高潮。这样的活动有效提高了粉丝对薇娅直播的期待值与忠诚度。

淘宝直播讲究的是粉丝经济，粉丝的购买力越强，产品的销售量越大，运营者获益也就越多。因此，对运营者而言，维护好自己与粉丝之间的关系尤其重要。薇娅在直播一开始时便进行抽奖是维系粉丝的一个重要手段。因为对于粉丝而言，就算今天没有抽到奖品，也还有明天、后天的抽奖活动可以期待。所以，抽奖也成了薇娅直播开始的标志。

除了在直播一开始就会进行抽奖，薇娅在直播的过程中，每隔一段时间还会随机进行一次抽奖。随机抽奖给一直在观看薇娅直播的粉丝带来了更多参与感与满足感，也吸引更多粉丝持续观看薇娅的直播，期待下一次抽奖的到来。

另外，薇娅直播间的标题往往也很直白，例如“送现金”“送手机”“抽奖抽到手抽筋”等，这样的标题能够吸引更多粉丝参与到薇娅直播间的抽奖活动中来。在庞大的粉丝基数、抽奖带动粉丝购物热情的前提下，薇娅的直播很容易就获得了惊人的销售额。

第 7 章

粉丝留存：如何保持粉丝活跃度

在成功获取了第一批粉丝之后，如何将他们转化为活跃粉丝，将这些粉丝真正留下，也是至关重要的问题。只有真正活跃的粉丝，才会时不时地前来关注短视频及团队，这一部分粉丝才能为运营者带来价值。活跃粉丝由新增粉丝和老粉丝两部分组成，吸引更多新粉丝的同时还要维系好老粉丝，只有这样才能做到粉丝数量的持续性增长。

7.1 传递价值：有料、有趣

想要保持粉丝活跃度，短视频必须传递正向的价值观。内容要有营养，可以令粉丝在观看过后得到一定的养分。仅仅有深刻含义还不够，想要得到好的效果，短视频还要有一定的趣味性，寓教于乐才能真正打动粉丝。

7.1.1 持续输出走心、真实的短视频

想要牢牢笼络住老粉丝，同时积极吸收新的粉丝，运营者需要保持较高的更新频率。高频率更新的同时最好还要定时更新，这样便于培养粉丝的习惯，增强粉丝的黏性。一味地为了保持高频率更新而忽略短视频的内容质量是不可取的，只有走心、真实的高质量短视频才能获得粉丝的青睐。

万合天宜是一个新媒体影视公司，推出了《万万没想到》《报告老板》等系列短视频，深受粉丝的喜爱。《万万没想到》《报告老板》这两个系列短视频都是每期一个新主题，每周定时更新，通过这种方式

保持粉丝的活跃度。

万合天宜的短视频作品内容虽然多以搞笑为主，但是在内容的编排上体现了运营者的真实想法，做出了打动人心的优秀作品。《最强选秀王》是《万万没想到》第一季中的一期，仅在 B 站上就获得了超过 600 万次的播放量，如图 7-1 所示。作为万合天宜早期的作品，在尚未积累起太多活跃粉丝的时期，能取得如此之好的成绩，自然是有其独到之处的。

图 7–1 《最强选秀王》短视频

创作这期短视频时，以唱歌、跳舞、演讲等各种技能为主题的选秀节目层出不穷，吸引了大批观众。万合天宜选取这个主题，迎合了当时的社会热点，很快就获得了一定的热度。在《最强选秀王》中，万合天宜没有以各个主人公有什么绝活来作为主要内容，而是另辟蹊径，表现了当时观众极为不满的一个现象——“卖惨”。

“卖惨”指的是利用自己的惨状博得他人同情，然后从中获得利益的一种行为。过去的选秀节目当中，有一些选手由于自身的悲惨遭遇获得了评委的同情，得到了更多的鼓励。一些想要走捷径的选手就从中看到了机会，开始编造自己的惨状，欺骗评委与观众。随着这样的选手越来越多，许多节目也失去了真实性和看点，观众对于这种现象也越来越不满。

《最强选秀王》就是在这样的背景下制作完成的。这个短视频以非常荒诞的方式表现了几个选手不合逻辑的故意“卖惨”，而评委出于各种考量，不仅没有揭穿还假装被感动，夸大而搞笑地表现出了当时的一种社会现象。同时这期短视频借主人公之口说出了粉丝心中对于这种现象的感受与评价，获得了粉丝的认可，同时引起了粉丝对这种现象的思考。

万合天宜的大多数短视频作品都是如此，以当时的热点话题作为背景创作出脚本，然后演员以搞笑的方式将其表演出来。粉丝在观看这些分外真实的内容后哈哈一笑的同时，还会产生进一步的思考，从而体会到运营者的用心，自然而然就产生了认同感，粉丝的黏性也会提高。万合天宜在无形中将这些粉丝转化成了活跃粉丝。

运营者想要做出真实、走心的短视频作品，一方面要关注当下的热点话题，找到独特的切入点，创新地表现出热点现象背后所隐含的真实意义。另一方面也要关注目标粉丝的需求，从他们的想法出发，打造出内容用心、观点动人的优秀作品，这样才能做到保持粉丝的活跃度。

7.1.2　短视频内容接地气，引发粉丝共鸣

为了在众多的短视频作品中突出重围，引起粉丝的关注，很多运营者都开始了短视频创新之路。不同运营者的尝试方向各有不同，而真正被广大粉丝关注的短视频账号，其作品都有着相同的特点——可以打动粉丝，引起粉丝的思考，引发粉丝的共鸣。

papi 酱的很多短视频都能够获得极高的播放量，这与其内容接地气密不可分，papi 酱的部分短视频如图 7-2 所示。“隔代宠”“中秋月饼到底该选择什么口味的”“该怎样说才不会被人挑出毛病”等主题都十分接地气，粉丝在日常生活中也会经常遇到这样的问题。这种接地气

的主题会使得粉丝在观看时产生共鸣，还会将该短视频推荐给身边的朋友。通过这样的方式，papi 酱既抓住了老粉丝，又吸引到了新粉丝。

图 7–2　papi 酱的部分短视频

接地气的内容是一个有趣又有料的短视频所必不可少的。而什么样的内容才算是接地气的内容？这是一个需要深思的问题。接地气是要广泛地反映出粉丝最普通的生活，让他们有代入感，让他们觉得这个短视频所表现的就是他们真实的生活。想要做到这一点，运营者就需要了解粉丝需求，并通过短视频反映出粉丝需求。

想要短视频内容接地气，就要切实反映粉丝的普通生活。普通生活涵盖了方方面面，在一个短视频中不可能把每一处都体现出来，必须要选择最具代表性的部分。在内容确定下来之后，还要选择适当的观点。对于同一件事每个人都可能有不同的看法，这些看法一般可以归为几类，每一类看法都有其出发点。一类看法是正确的不意味着剩下的看法是错误的。

运营者可以在短视频中表现出关于某件事的一种或几种看法，反映出粉丝的心声。不同的粉丝由于性别、年龄、地域及受教育情况等不同，对于同一件事必然抱有不同的看法。运营者想要保持粉丝活跃度，必须表达出更多粉丝的心声，以引发他们的共鸣。

生活中普遍存在的问题最接地气，同时能够引发粉丝的讨论，从而达到保持粉丝活跃度的目的。“南方北方饮食差异”“南方的冬天与北方的冬天”“上学时你的老师是否也说过这样的话”等都是十分接地气的短视频主题，以这样的主题制作短视频时，能够引发广大粉丝的共鸣，同时不同地域、不同立场的粉丝也会在评论区讨论短视频中的内容，发表自己的见解或分享自己的经历。

在选择短视频的主题时，运营者也可以关注粉丝的私信或讨论内容，从中挑选粉丝最关注的话题，以粉丝关注的话题来制作短视频更能激发粉丝的共鸣。此外，在表现内容时，运营者在保证内容趣味性的同时，也要在内容中深入挖掘，在短视频中表达出自己的观点。

7.1.3　一禅小和尚是如何圈粉的

仅塑造人物形象、创造趣味事件很难使粉丝对短视频内容有足够的了解与期待，在短视频中传递出富有深意的思想能够提高短视频的价值和吸引力。运营者可以通过主人公对特殊事件的特殊处理方法、某些特定言论等形式展现短视频要传递的思想。这能够使主人公的形象更加丰满，短视频内容更有价值，同时带给粉丝更好的观看体验，有利于吸引和活跃粉丝。

“一禅小和尚”在入驻抖音短视频平台后，仅半个月就拥有了超过

100 万粉丝，圈粉速度十分惊人，截至 2020 年 7 月，其抖音粉丝数已突破 4675 万，如图 7-3 所示。

图 7–3 “一禅小和尚”抖音账号

分析“一禅小和尚”快速圈粉的原因，一方面在于其动画、漫画的人气与流量基础。另一方面，“一禅小和尚”的优质内容也是其吸引粉丝、活跃粉丝的利器。“一禅小和尚”以其古朴的场景、精湛的动画技术获得了许多粉丝的认可，同时短视频中所体现的精神内核也使其圈粉无数，其中师徒二人恬淡的生活状态、短视频中偶尔爆出的哲学性话语等，都表现出了“一禅小和尚”的精神内核，有趣兼具有料的内容成为万千粉丝对其进行持续关注的内在动力。

“一禅小和尚”通过生活化的片段故事讲述某一道理，如“等风来，不如追风去”“幸福有两种，一种是知道自己想要什么，一种是知道自己不想要什么”等，短视频在趣味故事中传递出的这些思想获得了广大粉丝的认可。“一禅小和尚”的粉丝多为年轻粉丝，而其视频中所宣扬的思想、观点等与当代年轻人的价值观有一定的一致之处，使其受到众多粉丝的喜爱。

7.2　充分互动：营造归属感

运营者想要留住粉丝并保持其活跃度，互动是绝对不能少的。粉丝对于自己喜欢的运营者有一种认同感及崇拜感，在发出评论并且得到回应后，粉丝会得到极大的满足，从而产生归属感。因此，运营者要注重与粉丝的互动，通过互动拉近自己与粉丝的距离，增强粉丝的归属感。

7.2.1　关注粉丝需求，及时回复

与粉丝进行互动是一个将粉丝对短视频的喜爱逐渐转移到对运营者的认可的过程，在互动的过程中，粉丝能够与运营者产生情感连接，产生认同感和信任感，这对于粉丝的留存是十分有帮助的。

通过评论与粉丝进行互动是最直接、最有效的互动方式，运营者要尽量回复粉丝的评论。粉丝在评论时是抱有期待的，希望被关注，在得到回复后也会产生一定的满足感。运营者积极回复粉丝的评论能够让粉丝感受到自己是被重视的，因此他愿意与运营者进行更多互动，

从而转化为活跃粉丝。

运营者对于粉丝评论的回复越及时越好。粉丝在发出评论时对于回复的期待值是最高的，然后随着时间的流逝这种期待值会逐渐降低，所以想要让粉丝渴望被关注的需求更好地得到满足，运营者就需要做到及时回复。当评论过多难以逐一回复时，运营者可以选择其中被提到最多、最受粉丝关注的问题进行回复。

在回复粉丝评论时，运营者应组织好回复的语言，尽量使语言显得幽默、俏皮，以此拉近与粉丝的距离。当粉丝对短视频内容表示赞赏时，运营者要感谢粉丝的支持；当粉丝提出短视频中存在的问题时，运营者也要虚心采纳。同时，也可能会有一些负面评论，运营者可以通过“自黑”的方式回复评论，这样不仅能够减轻负面评论的不良影响，也能够展现自己的幽默和智慧。

及时读取并回复粉丝的评论有利于拉近运营者和粉丝之间的距离，提高粉丝的活跃度和黏性，是留存粉丝的重要手段。在长久、持续的互动过程中，越来越多的粉丝会沉淀成为账号的忠实粉丝。

7.2.2 推出粉丝参与的话题

推出粉丝可以参与的话题有利于增强运营者与粉丝之间的互动，而且当话题结束之后，参与到其中的粉丝还会关注后续的发展情况。那么，如何才能制造粉丝可以参与的话题呢？具体可以从以下几个方面着手，如图 7-4 所示。

1. 通过粉丝征集话题

运营者可以从粉丝那里寻找灵感，即通过粉丝征集话题，例如，让粉丝评论自己想参与什么样的话题，观看什么样的内容。这种方法可以让粉丝充分表达出自己的想法，运营者也能更容易地满足粉丝的需求，然后在此基础上调整话题的主旨和内容的方向，同时，粉丝也在表达自我的过程中获得了参与感和归属感。

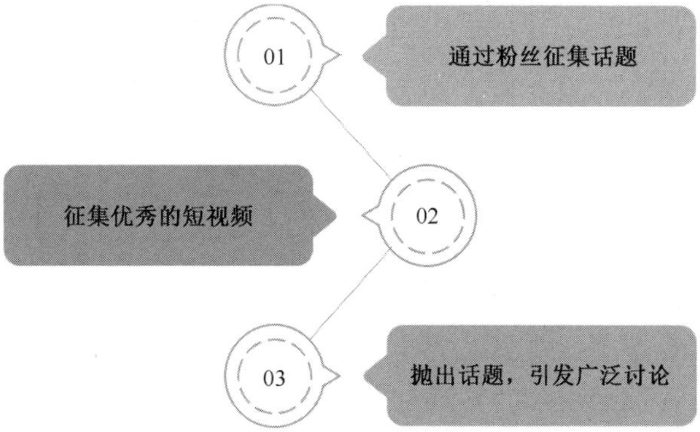

图 7–4　如何制造粉丝可以参与的话题

“同道大叔”在创作短视频之前，就会在微博上发布一些话题来了解粉丝的喜好。以“你与某某星座发生过哪些有趣的事”为例，“同道大叔”会从微博评论中选出最有代表性的事例作为创作短视频的素材。

2. 征集优秀的短视频

面向粉丝征集短视频再进行筛选可以涵盖生活中会真实发生的各种可能事件。这种做法有利于让粉丝参与到短视频创作中来，从而大大提升他们的热情。另外，运营者发起短视频征集活动，还可以起到宣传账号的效果，而参与到其中的粉丝就成了强大的活跃力量。不仅如此，这些粉丝甚至可以引发二次传播，促使传播的范围不断扩大，进一步拓宽粉丝的来源。

3. 抛出话题，引发广泛讨论

有争议的话题更具有吸引力。有争议的话题就是从多个角度解读都有其相应道理的话题。如果运营者在短视频的结尾处抛出一个这样的话题，就会引起粉丝的思考，引发广泛讨论。这样不仅可以提高短视频的热度，还可以吸引更多粉丝参与讨论。

在选择话题时，为了提升话题的热度、激发粉丝参与讨论的积极性，运营者可以将话题与当下热点相结合，同时可以结合话题开展活动，促进话题的分享转发。在制造出粉丝可以参与的话题以后，运营者还应该了解并尊重粉丝的诉求，并与粉丝进行真诚的交流和沟通。

7.2.3 为忠实粉丝提供高附加价值

对于运营者来说，忠实粉丝是随着定位的不断调整而最终筛选出来的，具有非常高的价值。忠实粉丝不容易流失，是重点维护的对象。而对于忠实粉丝来说，运营者在原有定位的基础上提供高附加价值是一种非常有效的提升其黏性的方法。

高附加价值会让忠实粉丝有一种专属感，从而产生归属感。运营者为忠实粉丝提供的高附加价值不仅体现在物质层面，也体现在心理层面。

首先，运营者需要在物质层面为忠实粉丝提供高附加价值。运营者可以在短视频的中间或者结尾处剪辑促销、折扣或者抽奖等相关内容，并且标注只有满足了什么条件的忠实粉丝才可以参加活动或获得优惠。此举不仅可以让忠实粉丝得到高附加价值，还可以成为新粉丝转化为忠实粉丝的强大动力，从而使新老粉丝都能够更加活跃。

除了物质层面赋予的高附加价值，心理层面赋予的高附加价值同样应该得到重视。一般情况下，后者可以分为品牌属性和娱乐属性两种，要同时从这两种属性的角度为忠实粉丝提供高附加价值需要不同的方法。

1. 品牌属性高附加价值

品牌属性指的是一个品牌所特有的标签、风格等。如今，品牌标签化的情况已成趋势，能够更清晰地定义品牌的属性。人们之所以会成为某个品牌的忠实粉丝，原因之一就在于觉得这个品牌的属性与自身的定位非常相符。因此，在创作短视频时，运营者可以重点突出这种品牌属性，让忠实粉丝感到被认同，得到心理层面的高附加价值。

2. 娱乐属性高附加价值

受欢迎的短视频往往带有一定的娱乐属性，因为这类短视频更有利于品牌向人们传递一些重要信息。在这种情况下，想让忠实粉丝从充满娱乐属性的短视频中获得专属的高附加价值，运营者就必须做到量身定制、别出心裁。

忠实粉丝的一大特点就是对此前的短视频内容有非常全面的了解，所以运营者在创作短视频时可以适当加入一些“老梗”，即只有忠实粉丝才可以接收到的搞笑点。这样在新粉丝询问某些内容是何种含义时，忠实粉丝可以通过为新粉丝答疑解惑而获得一种成就感，充分体会到自己的优势，从而对账号产生更强烈的归属感。

高附加价值对忠实粉丝而言有锦上添花的作用，运营者要想让他们产生归属感，最关键的是要保证短视频的质量，只有优秀的短视频才能吸引更多忠实粉丝。同时，在开展活动、发放福利、评论互动时，运营者应重点关注忠实粉丝的需求，通过及时满足其需求提升其归属感。

7.2.4　回答粉丝问题：直播是集中的互动时间

直播具有鲜明的互动性和社交性，为发挥出直播的这一特性，运营者在直播的过程中也要加强与粉丝的互动。回答粉丝提出的问题是运营者与粉丝进行有效互动的方法。因此运营者在直播的过程中要多看评论，有耐心、有重点地回答粉丝的问题。

在直播的过程中，粉丝会不时地询问一些他们没有听明白的问题，例如产品的细节、直播间的优惠活动等。而粉丝进直播间的时间并不统一，很多时候，运营者已经回答了一位粉丝关于产品的某一问题，不久后可能就会有刚刚进入直播间的粉丝询问同样的问题。这样的情况经常发生，运营者需要时刻对粉丝保持耐心。运营者应该认真对待粉丝的每一次提问，即使是相同的问题，运营者也要认真回答。

在直播的过程中，运营者也要随时注意粉丝的评论，及时解答粉丝提出的问题，不能只注重推销产品而不关注粉丝的反馈。若直播间人数过多，运营者很难及时看到每一位粉丝的提问，这时就要有重点地挑选并回答粉丝询问较多的问题。

运营者还可以不时地询问粉丝是否有疑问，避免遗漏粉丝提出的重点问题。这样能够使粉丝感受到运营者的用心，也会更加信任运营者。

总之，在直播的过程中，运营者可以通过回答粉丝提出的问题与粉丝进行互动。粉丝提得最多的问题最能反映粉丝的需求，运营者要对这些问题进行重点回答。运营者关注并回答粉丝的问题能够让粉丝感觉到自己是被重视的，从而对运营者更有好感，而在这种长久的、良好的互动中，粉丝的活跃性也会被激发起来。

为了激发粉丝的互动热情，在开展直播之前，运营者应为直播准备三四个话题。在准备话题时，要避免一些较为敏感的话题，如果话题引发了粉丝的争吵反而会得不偿失。运营者可以选择一些轻松但有讨论点的话题，这样可以在一个愉悦的氛围中把直播间的热度调动起来，也能够让粉丝更加积极地参与到话题互动中。

在推销产品的过程中，运营者可以抛出一个与产品有关的话题，引发粉丝讨论，这需要运营者多关注一些与产品相关的新闻热点。例如，运营者在推销零食时，可以借时下的网红零食作为话题，也可以通过一些热播剧中出现的美食引爆粉丝的讨论。运营者从当下热点中寻找话题可以充分调动粉丝的积极性，让粉丝参与到讨论中，加强粉丝的参与感。

运营者在直播时要学会制造话题，引爆粉丝互动高潮，能够给粉丝留下深刻印象的运营者往往是善于制造话题的运营者。运营者在与粉丝进行话题讨论时，也能够使粉丝看到运营者对于某些事件的独特见解。双方可以在讨论中加深了解，拉近彼此的距离，运营者也能够因此建立与粉丝的信任关系。

运营者通过话题讨论调动粉丝积极性的同时，也要对粉丝的互动进行把控，如果粉丝的情绪过于高涨或话题讨论的时间过长，对于接下来的直播是不利的。

直播间的热度和粉丝与运营者的互动是相辅相成的。运营者把控好话题讨论的内容和时间，与粉丝积极互动，能够使直播间的氛围更加活跃，粉丝也会更愿意参与到直播互动中。

此外，除了在直播的过程中回答粉丝的问题，与粉丝进行互动，运营者还可以定期开展读评论的直播，在直播中集中回答粉丝的问题。在进行这类直播之前，运营者需要发布直播预告，通过粉丝的反馈收集粉丝提出最多的、最具代表性的问题，在直播中统一进行解答。

7.3 注重留存：致力于培养铁杆粉丝

粉丝的留存对于运营者而言十分重要，相比普通的粉丝，铁杆粉丝对运营者的认可度和忠诚度更高，其发挥的价值也更大，因此，运营者必须重视粉丝留存，重视培养铁杆粉丝。在培养铁杆粉丝的过程中，运营者要做好粉丝运营，赋予粉丝足够的存在感，同时要管理好粉丝的情绪，提高粉丝对于自己的认同度和黏性。

7.3.1 留存比拉新更重要

美国知名学者凯文·凯利曾提出过“一千个铁杆粉丝理论”，即任何创作者，只需拥有一千个铁杆粉丝，无论创作出什么作品他们都愿意买单，那么创作者就可以以此谋生。另外，粉丝的平均购买力和转化率也比非粉丝高出很多。

粉丝的力量绝对不可以小觑，运营者在进行短视频账号运营的过程中，必须获得粉丝的认可和支持，尽量培养出更多的铁杆粉丝。粉丝的力量主要体现在以下两个方面。

1. 通过分享转发实现大范围传播

粉丝是对短视频内容或直播内容表示喜爱和支持的群体，他们在观看短视频或直播的过程中，会积极进行点赞、转发、评论。这不仅会提高短视频的播放量、提升直播的热度，还会促进短视频或直播的推广和传播。粉丝的转发分享会为账号带来更多的关注和曝光。

2. 终身留存，发挥最大价值

粉丝的力量还体现在终身留存方面。在衡量粉丝的力量时，运营者不要仅看当下的利益，更要对其留存时间及留存时间内的分享转发进行估算。从长远来看，粉丝的力量无疑是十分巨大的。

通常来讲，与维护一个老粉丝相比，获得一个新粉丝的成本更高，同时，铁杆粉丝能够发挥更大的价值，其在活跃度、忠诚度及创造价值等方面都远远高于其他粉丝，这意味着铁杆粉丝是不可忽视的中流砥柱。运营者应重视粉丝的维护，力求将更多的新粉丝转化为铁杆粉丝。

7.3.2　赋予粉丝足够的存在感

要想培养铁杆粉丝，就要赋予粉丝足够的存在感，提升粉丝体验。如何赋予粉丝足够的存在感？运营者需要做到以下几个方面，如图 7-5 所示。

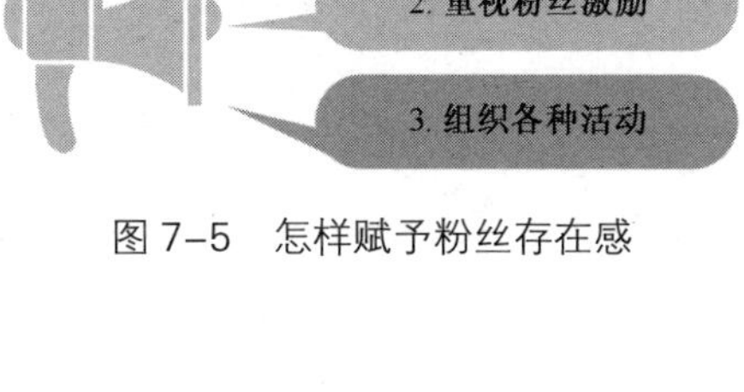

图 7–5　怎样赋予粉丝存在感

1. 倾听粉丝的声音

运营者要倾听粉丝的声音，对于粉丝给出的称赞表示感谢，对于粉丝给出的意见和建议，也要认真分析并合理采纳，根据粉丝的需求不断完善短视频和直播的内容。运营者听到粉丝的声音并给予反馈，会赋予粉丝存在感，让粉丝认识到自己是被重视和尊重的。

如何倾听粉丝的声音？首先，运营者要关注短视频和直播的评论及直播的弹幕等内容，获得粉丝对于内容的反馈。运营者需要对这些内容进行整理、归纳，从粉丝的意见和建议中分析出短视频或直播内容的不足及完善方向，及时进行调整。其次，运营者可以开展相关话题活动，倾听粉丝声音。例如运营者可以设置“最喜欢的一期视频”“还想看哪些视频”等话题，鼓励粉丝积极参与讨论，从中倾听粉丝的声音。

2. 重视粉丝激励

给予粉丝激励能够赋予粉丝存在感和荣誉感，有利于粉丝留存，运营者需要做好粉丝激励。粉丝激励分为物质激励和精神激励两个部分。在物质激励方面，发放优惠券、红包，赠送产品等都是有效的物质激励手段，同时为了保证激励的公平性，运营者需要为直播间中等级高、消费高的粉丝提供更多的物质激励；在精神激励方面，运营者也需要对粉丝表示感谢和赞美，增强粉丝的归属感。

3. 组织各种活动

培养铁杆粉丝离不开各种活动的支持，组织各种活动不仅能够激活粉丝，还能够强化粉丝的存在感和体验感，使粉丝能够获得认同感和荣誉感。在线上，运营者可以发起各种话题活动、转发抽奖活动、直播抽奖活动等；在线下，运营者可以开展线下粉丝见面会，为粉丝发放定制礼物，增强自己与粉丝之间、粉丝与粉丝之间的互动，提高粉丝的存在感和归属感。

运营者赋予粉丝足够的存在感，能够提升粉丝对于自己的好感度和黏性，粉丝也会更活跃。这些都有利于粉丝的留存和铁杆粉丝的培养。

7.3.3　管理粉丝情绪

运营者和粉丝之间存在着一种以人格魅力为基础的情感连接，这种情感连接的强弱能够反映出粉丝对运营者的忠诚度。运营者需要通过管理粉丝情绪，加深自己与粉丝之间的情感连接，提高粉丝对于自己的忠诚度。

在与粉丝进行交流互动的过程中，粉丝可以感受到运营者的情绪，如果运营者无法控制自己的情绪，就会在很大程度上损耗粉丝的喜欢和支持。因此，对于运营者而言，学会控制自己的情绪是十分有必要的。

除了控制自己的情绪，运营者还应该重视粉丝的情绪引导，通过引导粉丝情绪加深自己与粉丝的情感连接。如何引导粉丝的情绪？运营者可以从以下几个方面着手，如图 7-6 所示。

图 7–6　引导粉丝情绪的技巧

1. 了解粉丝的需求

粉丝对于运营者是有需求的，这个需求就是运营者引导情绪的“法宝”。所以运营者必须重视粉丝的需求，充分了解粉丝对产品及直播内容的意见。这不仅有利于引导粉丝的情绪，还有利于为运营者树立起负责任的形象。

2. 满足粉丝的需求

了解了粉丝的需求后，运营者还要设法满足粉丝的需求。例如，当粉丝对运营者的售后服务提出了意见，表示运营者不完善的售后服务影响了自己的购物体验时，运营者就需要根据粉丝的需求完善售后服务并及时给予粉丝反馈，以此引导粉丝的情绪。

3. 为粉丝提供优惠

为粉丝提供优惠是运营者引导粉丝情绪的有效手段。这不仅可以化解粉丝对运营者的不良情绪，还能够激发粉丝的购物热情。

运营者能否获得更多粉丝的关注、能否更好地留存粉丝，在很大程度上取决于运营者是否正确引导了粉丝的情绪。运营者引导好粉丝的情绪，能够加深自己与粉丝间的情感连接，提高粉丝的忠诚度。

第 8 章

“短视频+直播”的推广策略

对“短视频+直播”进行推广是一个不断扩大其影响力的过程。采用正确的推广策略可以用较少的成本获得较好的推广效果，而如果采用了错误的策略，运营者就会多走弯路，导致事倍功半。

在对“短视频+直播”进行推广时，运营者可通过联合推广增加曝光度，同时各种推广活动也应贴合粉丝习惯，以便借助粉丝起到更好的推广效果。此外，运营者也应重视“短视频+直播”的内容，通过优质、吸引人的内容带动粉丝传播。

8.1 联合推广：增加曝光度

曝光度的高低意味着短视频或直播可以被多少人看到，曝光度越高，“短视频+直播”的运营效果也就越好。通过多个渠道联合推广，“短视频+直播”可以覆盖更多的目标群体，增加曝光度，实现更好的运营效果。

8.1.1 SEM 三大推广模式

SEM 即 Search Engine Marketing，指的是搜索引擎营销，在谷歌、百度等搜索引擎上，有基于关键词的搜索，在基于关键词的搜索结果页面上进行的营销即 SEM。SEM 推广的重点是短视频的关键词，关键词在搜索结果中排名越靠前，被用户看到的可能性就越大。所以想要起到良好的推广效果，运营者一定要谨慎选取关键词。

SEM 推广具有诸多方面的优势。首先，搜索引擎流量大，如百度，其日均搜索量超 50 亿次，流量巨大。其次，吸引来的群体十分精准，用户在搜索引擎中主动查询，搜索意愿强，这些通过搜索被吸引的用户都是短视频的目标群体。最后，可快速增加短视频的曝光率，以吸引到更多目标群体。对于短视频的推广而言，SEM 推广是非常有力的一种推广方式。

SEM 有三大推广模式，如图 8-1 所示。

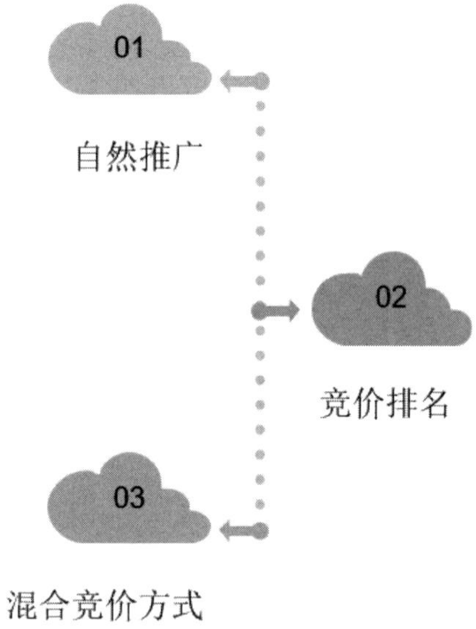

图 8–1 SEM 三大推广模式

1. 自然推广

自然推广指的是运营者将短视频或直播在网络平台上发布之后，将要推广的短视频或直播通过网页等形式放入搜索引擎中，然后搜索引擎会自行分析后抓取关键词，当用户搜索相关关键词时再反馈给用户。自然推广的成本较小，但要想取得较好的效果也并不容易。

要想取得良好的推广效果，运营者就需要设置好短视频或直播的关键词。在选择关键词之前，运营者需要对目标人群的搜索习惯进行调查，通过分析确定搜索频率较高的关键词，最后在短视频或直播的标题、简介中加入这些关键词，以便让目标人群能够更容易地搜索到短视频或直播。

自然推广存在较大的不确定性，为了确保可以通过关键词搜索到短视频或直播，运营者应在不同的时段进行搜索验证，如果发现无法搜索到自己的短视频或直播时，就需要尽快重新设置关键词。

2. 竞价排名

自然推广虽然成本较低，但取得效果的速度较慢，并且存在一定的不确定因素，运营者如果想要在较短的时间内取得较好的推广效果，可以采用竞价排名的推广方式。竞价排名指的是向搜索引擎方付费购买广告位，这样在用户搜索关键词时，该短视频就会在搜索页面最上方，容易被用户看到。

如图 8-2 所示，以百度为例，百度在搜索结果最上方设有专门的广告位，同时会有“广告”的字样标示，这样既不会影响用户搜索时的自然排名，又可以为竞价方起到宣传推广的作用。为了保证用户的使用体验，在搜索时竞价排名广告位一般只设有一两个，运营者如果想要得到相应关键词的广告位，需要付出较高的成本。

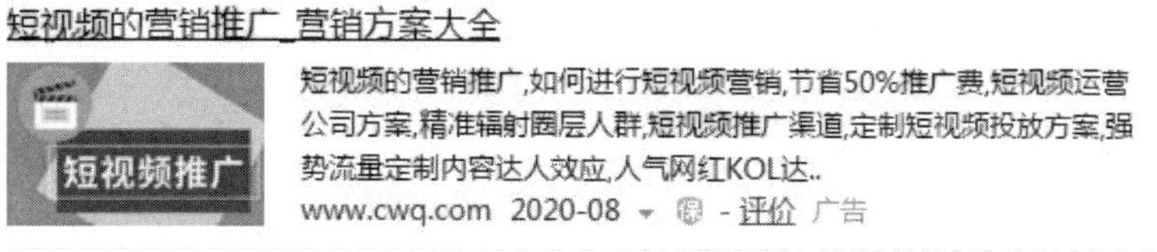

图 8–2 百度竞价排名广告位

不过竞价排名收费方式是按点击量付费的，点击链接的用户越多，运营者要支付的费用也就越多，如果用户点击量较少，运营者支付的费用也会较少。竞价排名的这一特点保证了运营者付出的费用能够得到相应的回报。

3. 混合竞价方式

将自然推广与竞价排名相整合就形成了混合竞价方式，在通过这种方式进行推广时，要考虑推广的成本和短视频的点击率。运营者需要通过推广预算考虑推广的投入，而在增加短视频的点击率方面，运营者可以通过各种社交平台进行推广，如在微信、微博上发布短视频的连接，增加短视频的点击率。

运营者使用 SEM 推广模式对其作品进行推广，有利于该短视频在庞大的同类短视频群中脱颖而出，在网络竞争中取得优势。而且 SEM 具有很高的可操作性，方便运营者来进行掌控，意外事件发生的概率较小，风险较小。

8.1.2　多场景地推

除了线上推广，运营者也需要对线下推广提起足够的重视。地推是一种有效的线下推广方式，为了让短视频或直播受到更多的关注，吸引更多的流量，获得更好的效果，采用地推的方式进行短视频或直播的推广也十分重要。

在进行地推之前，首先要对场景进行选择。地推场景的选择要根据短视频或直播所面向的目标人群来决定，不同类别的短视频有不同的目标人群，进行地推的地点自然也不同。在确定了场景以后，运营者还应该策划出一个与场景特点相符的地推方案，这样在实践过程中才能够起到更好的效果。地推可以在多种场景下进行，如图 8-3 所示。

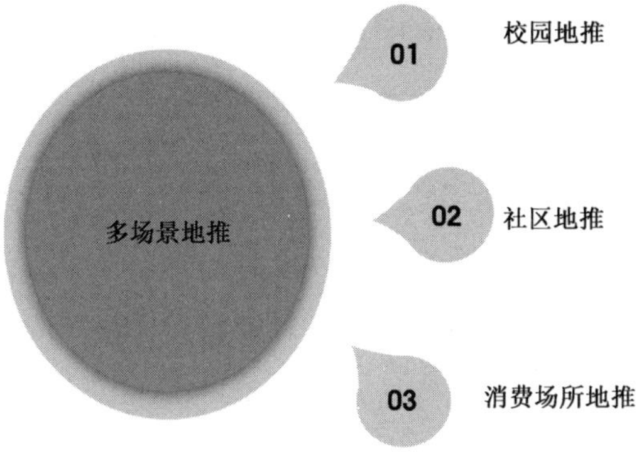

图 8–3　多场景地推

1. 校园地推

在进行校园地推时，想要取得学生的关注，可以根据短视频或直播的特点让学生参与到短视频或直播的拍摄、制作过程中来。当学生成了短视频或直播中的参与人员的时候，他们自然会持续关注该短视频什么时候会被发布，或将短视频、直播进行转发分享，从而增加短视频或直播的曝光度。

但是要注意，现在许多学校是禁止直接进入校园进行地推的。在这样的情况下，运营者就必须采用其他方式来达到地推的目的。许多学校中的社团为了能够顺利开展社团活动都需要拉一些赞助支持，运营者可以通过为社团提供赞助的方法来进行地推。通过这种方式来进行校园地推，能够在学生群体中博得好感，虽然需要付出一定的成本，但是得到的回报也是相当大的。

同时还可以将学生转化为地推人员，以提高校园地推的推广效果。

2. 社区地推

在进行社区地推之前，首先要对该社区的人员组成做一个大概的调查，不同社区的人员组成有不同的特点，运营者应该选择人员构成与短视频目标人群重合度较高的社区来进行地推，这样才能起到更好的推广效果。

在进行社区地推时，运营者可以选择间接推广的方式，简化过程，通过吸引社区的人们关注短视频账号或相关微信公众号来完成推广。为了更好地调动人们的积极性，运营者还可以准备一些小礼物作为关注后的赠品，也可以采取关注后可参加抽奖的方式来激发人们的好奇心，吸引人们关注。在进行地推的同时，还可以通过显示屏播放短视频或直播的相关预告片来引起人们的兴趣，从而达到更好的推广效果。

3. 消费场所地推

在消费场所进行地推与其他场景中的地推有所不同。由于人们在消费场所中一般都有其目的性，如果占用其过多的时间来进行地推很容易引起人们的不快，导致推广失败。在这种情况下，运营者可以尝试与商家进行合作。

以饭店等餐饮场所为例，往往比较火的饭店无论是在外等待进入就餐还是点餐后等待餐品完成都需要一定的时间，运营者可以借这一等待的时间吸引人们观看短视频。运营者可以与商家达成合作，由商家为等待的人们提供二维码，人们可在等待的期间扫码观看短视频，从而实现短视频的推广。

运营者可在多种场景中同时进行地推，同时要持续关注地推的效果，比较不同场景下地推的不同效果，确定地推的主要方向。

8.2 多维融合：全方位贴合粉丝习惯

在进行“短视频+直播”的推广时，运营者要考虑到粉丝的需求，从粉丝的角度出发创新推广方式。运营者可借助大咖吸引更多关注、举办线下活动加强互动，同时也要发挥粉丝群体的宣传威力。在进行推广时，运营者可综合运用多种推广方式，在贴合粉丝习惯、满足粉丝需求的基础上起到更好的推广效果。

8.2.1 借助大咖吸引更多关注

在进行“短视频+直播”的宣传推广时，可以借助大咖的影响力获得更高的曝光度和更好的推广效果。邀请大咖出演短视频或共同直播不仅能够吸引更多粉丝关注，同时能够给粉丝带来更好的观看体验。

如何更好地获得与大咖合作的效果？运营者需要注意以下几个方面，如图 8-4 所示。

1. 注重大咖的形象和声誉

在选择大咖时，运营者要注意大咖的形象和声誉，不要选择那些形象和声誉存在污点的大咖。这样的大咖虽然也有不少粉丝关注，但与其合作可能会引起不同立场的粉丝之间的争论，会对短视频或直播造成不良的影响。

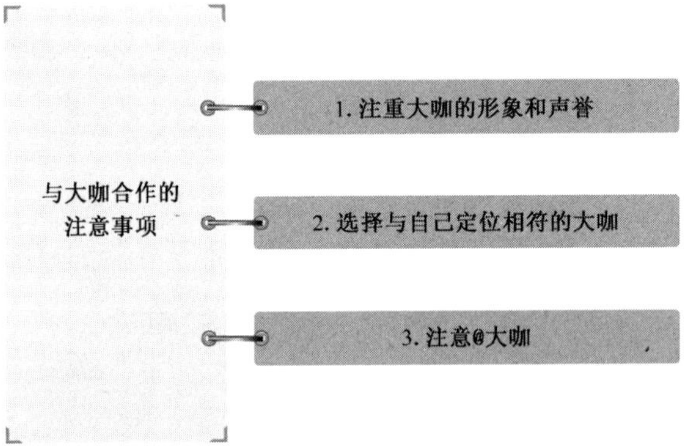

图 8-4　与大咖合作的注意事项

2. 选择与自己定位相符的大咖

选择和自己定位相符的大咖也十分重要。例如，美食类短视频账号的运营者最好选择美食领域的大咖，旅游类短视频账号的运营者也可以邀请旅游领域的大咖同游。选择与自己定位相符的大咖能够为自己的账号精准引流，吸引更多目标人群的关注。

3. 注意@大咖

抖音、快手、微博等平台上都有@功能，合理地利用这个功能也能够实现短视频或直播的更好推广。在发布短视频或直播预告时@大咖，搜索大咖的粉丝就会关注到该短视频或直播，这能够提高短视频的播放量和直播的热度，有利于短视频或直播的推广。

借助大咖进行推广是有效的推广方法，运营者需要寻找形象与声誉良好、定位与自己相符的大咖，并注意@大咖，充分让大咖的影响力为自己助力。

8.2.2 举办线下活动，加强互动

在获得了一定的忠实粉丝之后，运营者可以组织一些线下活动，加强与粉丝之间的互动，提高短视频账号的曝光度，获得更好的推广效果。对于线下活动，除了拍摄各种短视频，还可以对活动内容进行直播，从而进一步扩大活动影响力，使不便参加线下活动的粉丝也可以通过直播参与到活动中。在组织一场线下活动之前，运营者需要综合考虑以下因素，如图 8-5 所示。

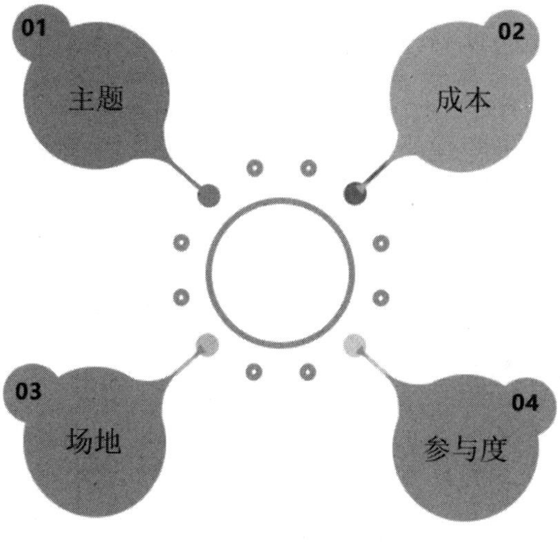

图 8-5 组织线下活动的考虑因素

1. 主题

在举办线下活动之前，运营者需要确立一个主题，活动的主题必须具有足够的吸引力，才能够吸引更多的人前来参与活动。如运营者在活动预告中表明活动现场有产品免费体验、产品促销、互动抽奖等福利活动，同时每一个到场的人员都有礼品相送。

2. 成本

线下活动的成本由活动的规模决定，规模越大的活动所需要的成本也就越高。为了保证日常短视频及直播运营不受到影响，运营者需要做好活动的成本预算并控制好成本。线下活动的成本往往包括场地费、装饰费、活动中所需的道具及礼品费用、活动推广及邀请嘉宾的费用等。这些成本项可以根据不同的活动主题进行调整。

3. 场地

在场地方面，运营者应尽量将场地选择在交通方便的地方，为参加活动的人们提供便利。同时，活动的类型、规模、场地的风格和费用等都是运营者在选择场地时需要考虑的因素。

4. 参与度

活动的参与度是运营者需要重点考虑的部分，只有吸引更多的粉丝参与其中，活动的推广效果才会更好。为了保证活动的参与度，运营者需要做好以下几个方面。

首先，运营者应安排好活动的时间和地点，时间应选在周末或节假日期间，地点应选在交通便利的地方，这些都为粉丝前来参加活动提供便利。其次，运营者要将活动设计得富有趣味性，同时加入粉丝互动的环节，越有趣的活动越能够激发粉丝的参与性。运营者可以在活动中设置一些互动游戏或互动抽奖的环节，让粉丝积极参与到活动中来。最后，为了确保活动能够覆盖到更多的人群，运营者可以对活动进行现场直播，同时设置一定的线上互动环节与线上福利抽奖环节，使更多的粉丝能够通过直播互动的方式参与到活动中来。

参与度是衡量线下活动是否成功的重要方面，保证粉丝有较高的参与度才会使其产生满足感，从而增强粉丝黏性和忠诚度。高参与度的保证也有利于塑造运营者的良好口碑，保证在未来继续举办线下活动时可以得到众多粉丝的响应。

举办线下活动除了能够加强与粉丝的互动，还能够将更多的目标粉丝转化为短视频账号的真正粉丝，同时将更多的粉丝转化为账号的忠实粉丝。此外，在线下活动中，可穿插产品体验、产品促销的环节，这样有利于加深粉丝对产品的了解。

8.2.3 充分发挥粉丝的宣传威力

在短视频平台中，一条优质的短视频可获得数万次转发，这些转发都会促进短视频的曝光和推广。粉丝的威力是不容小觑的，在“短视频+直播”推广的过程中，除了运营者的主动推广，还可以发挥粉丝的宣传威力。

如何刺激粉丝宣传短视频或直播？运营者需要做好以下几个方面的工作。

首先，运营者要用心经营粉丝，提高粉丝的活跃度。提高粉丝活跃度是利用粉丝进行推广的前提，为了提高粉丝的活跃度，刺激粉丝主动进行推广，运营者需要从短视频或直播的内容出发，以有趣的内容吸引粉丝。

快手上有一个名为“吴二蛋（卖甜品的）”的快手号，其粉丝就非常活跃，这主要是因为“吴二蛋”通过满足客人的一些“特殊”要求赢得了客人的喜爱——除了卖甜品，他还会满足客人画“葫芦娃”“哆啦 A 梦”等要求，如图 8-6 所示。当他把短视频上传到快手以后，关注他的粉丝纷纷效仿这些客人，去预定带有“特殊”要求的外卖，久而久之，他与粉丝的互动性就得到很大提升，粉丝的活跃度自然也很高。

图 8-6　客人向“吴二蛋”提出的“特殊”要求

短视频或直播的内容应体现出趣味性或互动性，吸引粉丝互动转发，以实现短视频或直播的推广。此外，在短视频或直播中展示生活中的小妙招等实用性极强的内容也能够引发粉丝的点赞、评论或转发。

其次，为粉丝提供有价值的短视频或直播更容易引起粉丝的转发，这种价值体现在两个方面，一是内容本身的价值，如视频具有趣味性、实用性等；二是短视频或直播中包含粉丝福利，粉丝福利同样能够引导粉丝对短视频或直播进行宣传。

在为粉丝提供福利这方面，运营者可以在微博、微信等多平台中发布短视频，同时设置转发抽奖等活动，引导粉丝推广短视频。同时，在直播之前，运营者也可以在短视频平台、微博、微信等以短视频的形式发布直播预告，讲明直播中的福利活动，吸引粉丝转发宣传。

8.3 自带传播：系列+内容升级

当前，创作系列短视频已经逐渐成为一个主流发展趋势。系列短视频由于其连贯性，可以引起粉丝的好奇心，这样就可以令粉丝在较长的一段时间内对该账号保持一定的关注度，保证短视频的曝光度。在制作系列短视频的同时，运营者也需要不断对内容进行升级，使账号具有长久的生命力。

8.3.1 创作系列短视频，加深粉丝印象

系列短视频分为两种形式，一种是剧情上有关联性的，另一种是剧情上无关联性的。剧情上有关联性的这种短视频与电视剧类似，有一条固定的主线，剧情的安排全都围绕着主线进行，但是与电视剧相比，其情节更为紧凑，更适合粉丝在碎片时间里进行观看。而剧情上无关联性的短视频往往有一个固定的主题，每一期短视频都选取与该主题相关的不同事件进行创作。

如图 8-7 所示，《造物集》是魔力 TV 打造的一部短视频系列短片，

目前已经发布到了第五季。《造物集》每一期都以清新的拍摄手法为粉丝介绍一个可以提高生活质量的小物品的制作方法，深受广大粉丝的喜爱。《造物集》看似每一期的相关性并不强，但实际上围绕着“生活手工”这一主题，形成了系列。

图 8–7 《造物集》短片截图

《造物集》系列短视频在粉丝群体中已经形成了口碑，粉丝对其印象非常深刻，在每一季推出时，新短视频都会吸引大量粉丝观看，保证了粉丝量的稳定。现在各种类型的运营者层出不穷，创作系列作品有利于对同一主题进行充分利用，并且由于吸引而来的粉丝都是对该主题感兴趣的，在忠实粉丝的转化率上也有相当大的提升作用。

人的记忆保留是有规律的，人在记住一件事情之后，会随着时间的流逝而逐渐将其忘却。根据艾宾浩斯遗忘曲线，记忆的遗忘速度在一开始较快，此后会逐渐慢下来，如图 8-8 所示。如在记住事情的 20 分钟之后，记忆保留比例为 58.2%；记住事情的 9 小时后，记忆保留比例为 35.8%。而在记住这件事不久后就对其进行复习，可以有效地减慢这种遗忘速度。为了避免短视频被粉丝遗忘，运营者可推出系列短视频不断加深粉丝对该系列的印象。

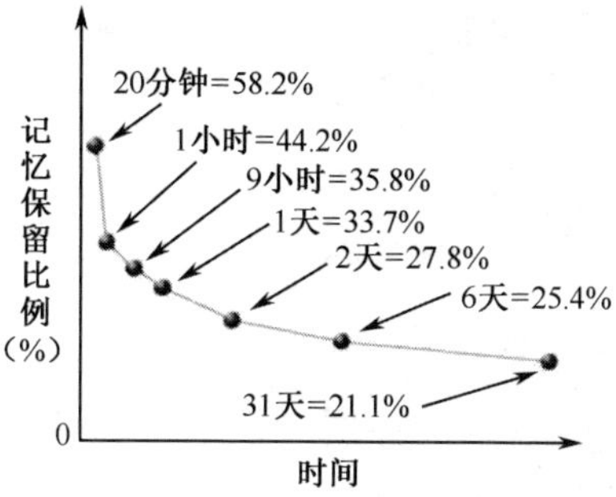

图 8–8　艾宾浩斯遗忘曲线

创作系列短视频也是打造口碑的过程，一个系列短视频始终保持着较高的制作水准，其在粉丝心中就会留下一个“佳作”的印象。在这种口碑的影响下，运营者之后推出的其他短视频也更方便推广。

8.3.2　创新表现方式，借助热点传播

在短视频或直播的推广中，无人关注即无效，要想让短视频或直播获得更高的曝光度和关注度，借助热点是必要且有效的手段。如何借助热点创作内容？运营者首先要抓住热点。

热点可分为突发性热点和周期性热点两种。在借助突发性热点进行短视频创作及推广时，运营者必须把握先机。热点发生后，过去的时间越长，其价值也会越低，同时运营者想通过热点获得关注的难度也会越大。在借助周期性热点进行短视频创作及推广时，由于周期性热点持续的时间较长，运营者准备的时间也会越多，这时短视频的质量、内容吸引力则成为短视频的主要竞争力。

利用热点创作短视频能够有效增加短视频的曝光度，吸引更多人的关注。例如，在高分日剧《轮到你了》播出时，就有许多运营者推出

了相关的解说短视频，并获得了超高的播放量和关注度，如图 8-9 所示。

图 8-9 《轮到你了》相关解说短视频

同时，在进行直播时，借助热点进行直播也是提高曝光度的重要手段。例如，当某电视剧热播时，运营者可以以某演员的仿妆教程为主题开启直播；当某手机品牌发布新品手机时，运营者也可以以新品手机的测评为主题开启直播。在选择热点时，运营者需考虑账号的定位及粉丝的需求。

除了借助热点进行直播，运营者也可以自己制造热点。例如，李佳琦的走红离不开其自带的热点，第一件事就是挑战“在 30 秒内涂最多口红”吉尼斯纪录成功。2018 年 9 月，李佳琦在淘宝直播中直播了自己“30 秒涂口红”的挑战，经过前两次的失败，最后一次李佳琦终于挑战成功，成为名副其实的“口红一哥”。第二件事就是 2018 年“双十一”时，李佳琦与马云的直播又让李佳琦成为众人关注的焦点。在这场直播中，他与马云 PK 卖货，最终李佳琦卖掉 1000 支，马云卖掉 10 支。

这两大热点事件使得李佳琦吸引了大量的关注，收获了很多的粉丝。同时，在其抖音账号中，这两个热点事件短视频都被置顶于账号首页中，为其抖音账号吸引了更多粉丝。

除了以上两大热点事件，在李佳琦的试色口红短视频中，他会不时地借助各明星为自己打造热点。他的短视频中可能没有出现明星，但是他会不时地把某个色号推荐给某位明星，常说“只有××才能驾驭”，形成明星效应，从而吸引粉丝关注。

自创热点较为困难，但是运营者可以在短视频或直播中借其他品牌或明星为产品创造热点，如表明产品是“某大牌产品平价替代款”“某明星同款产品”等，借知名品牌或明星之势吸引粉丝关注。

8.3.3 好故事，引起粉丝共鸣

虽然短视频时间非常有限，但是运营者依然可以通过“讲故事”的方式，让粉丝有不一样的观看体验。

南航的宣传片《用心篇》就是通过讲故事的方式，让更多旅客感受到为了给乘客提供更好的体验，南航服务是如何做到精益求精的。

整个短视频的时长只有 1 分钟，却内容丰富，将南航机组人员认真工作、服务旅客的精神表现了出来。《用心篇》从飞机起飞之前南航工作人员的准备工作讲起，无论是地面上的安全检查，还是对于飞机性能的检测，都要做到万无一失，保障旅客的出行安全。画面中工作人员专业的工作态度让人印象深刻。

接下来，短视频又从旅客的角度，通过多个场景还原了不同的旅客对旅行目的地的热切期盼。在拍摄了众多旅客登机的分场景之后，镜头又再次以不同旅客的服务体验表现出南航服务的用心。

无论是在窗边看风景的小女孩，还是在座椅上休息的女士，工作

人员都能一一满足其需要，为他们提供令人满意的服务，短视频截图如图 8-10 所示。

图 8–10　南航宣传短视频《用心篇》截图

随后，镜头对准机长对飞机的操控，再结合飞机外雪山、云海的壮丽景色，突出机长熟练的驾驶技术，让每一位旅客都得到平稳、舒适的乘机体验。最后，短视频展示了旅客下机后与亲人相见的温馨场景，再次突出了全篇“用心服务，确保每一位旅客安全到达”的主题。

由此可见，短视频采取这种讲故事的方式，可以将众多元素容纳到并不算太长的短视频中。就如南航的宣传片《用心篇》一样，选取了某次航班从开始起飞到顺利着陆的历程，来突出南航的服务，具有“以点带面”的效果。运营者在设计内容的过程中也可以充分借鉴这种“讲故事”的方式，做到内容充实、主题突出，吸引粉丝的关注。

第 9 章

深度引流：引爆多渠道传播链条

许多运营者经营短视频账号的目的都是为了变现，而为账号引流是实现变现的前提。为了提升引流的效果，运营者需要通过多渠道进行引流，短视频平台、直播平台、社交平台等都是引流的重要渠道。同时，在引流的过程中，运营者也需要掌握一定的引流技巧。

9.1　短视频平台引流

短视频平台是引流的主要平台，不同的短视频平台有不同的引流方法。运营者可以在多个短视频平台上开设账号，实现多方引流，同时在不同的平台进行引流时也需要使用不同的方法。

9.1.1　抖音：工具与活动相结合

抖音拥有广泛的用户基础，掌握合适的引流方法，运营者就能够通过抖音获得巨大流量。如何在抖音平台上进行引流？运营者可以通过抖音引流工具进行引流，也可以借助各种活动进行引流。

1. 通过引流工具进行引流

借助抖音上的“DOU+”功能，运营者可以实现精准的付费引流。“DOU+”是在抖音上推广的一种加速器，运营者支付一定的费用，抖音会为运营者带来相应的流量。抖音会将进行“DOU+”推广的短视频展现在抖音首页的推荐栏里，通过合理的推荐算法将短视频推荐给目标受众，以达到引流的目的。

在进行“DOU+”投放时，为减少浪费、取得更好的推广效果，运营者需要进行多次小成本的投放，根据短视频的引流反馈确定之后的投放成本。

2. 借助活动引流

在抖音上开展各种活动也能够实现引流。很多短视频平台都有发红包的功能，合理使用这一功能可起到聚揽人气、引流的作用。抖音规定用户必须关注发红包的账号才能领取红包，这样一来短视频的关注度就会大大增加，点赞人数、转发数量也会相对提高。例如，抖音上某达人仅仅发布一条红包短视频，点赞人数就轻松突破 14 万，如图 9-1 所示。

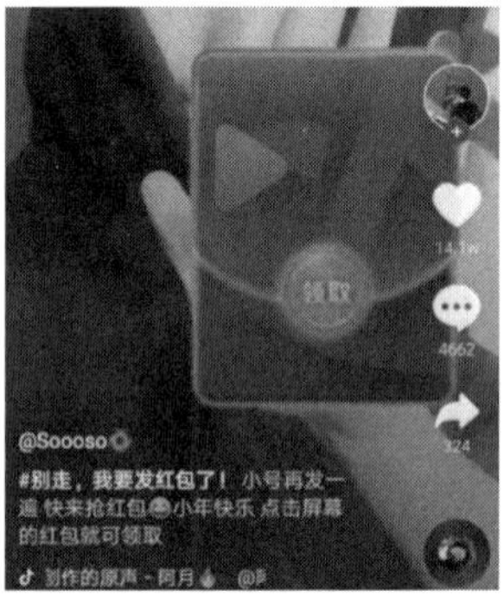

图 9–1　抖音红包短视频

除了开展送红包的活动，运营者还可以在抖音上开展各种福利抽奖活动。例如，在评论中表示会在点赞、评论的粉丝中抽取几位送好礼等。

“DOU+”引流的效果与短视频的质量密切相关，高质量的短视频内容能够获得更好的引流效果。而开展送红包活动与福利抽奖活动能够促使抖音用户在福利的吸引下关注账号，为获得更好的引流效果，运营者需要关注开展活动的频率。

9.1.2　快手：掘金私域流量

深耕垂直类内容是快手的重要发展方向。目前，快手中的创作内容已经覆盖了 20 余个垂直领域，同时快手平台也会为这些垂直领域提供流量支持。除了快手平台分发的公域流量，快手上很多运营者获得的收益都是源自各自的私域流量。

例如，快手平台上有一个“河北沧州开卡车的宝哥”，他会把开卡车过程中每天做饭的内容发布到快手上，吸引了众多粉丝的关注，如图 9-2 所示。

图 9–2　“河北沧州开卡车的宝哥”快手账号

在众多粉丝的支持下，“河北沧州开卡车的宝哥”通过直播带货实现了变现。如果将“河北沧州开卡车的宝哥”的短视频放在公域流量中，可能一个卡车司机做饭的短视频并不能吸引很多人的目光，但是，“河北沧州开卡车的宝哥”拥有 400 余万粉丝，这就形成了他的私域流量，能够产生巨大的价值。

私域流量已经成为各短视频平台重点挖掘的方向，与公域流量相比，私域流量的黏性更强，留存率更高，变现能力也更胜一筹。借助快手打造自己的私域流量，是运营者实现引流的重要方法。

对于打造私域流量而言，快手能够为运营者提供两方面的支持。一方面，快手对垂类内容的流量扶持有利于运营者培养自己的私域流量。快手运营负责人韩叙曾表示，快手将持续在美食、体育、二次元、游戏、音乐等领域发力，将平台80%的流量用于扶持这些垂直领域。

另一方面，快手平台的特色“老铁经济”也会释放私域流量的价值。快手精准的推送算法和针对性内容分发算法能够聚集同垂直领域的用户，运营者也能够获得更精准的流量。同时，快手平台兼具社交属性与媒体属性，在运营者与粉丝的多方互动中，粉丝对于运营者的黏性也大大提高，这使得运营者的粉丝基础能够更加广泛和可靠。

在快手平台的扶持下，运营者只需要创作出好的内容，不断沉淀自己的私域流量，就能够在平台与粉丝的共同助推下获得更好的曝光。同时，快手强交互、高黏性的内容生态下的“老铁经济”也能够为运营者带来更加多元的变现路径。

9.1.3 B站：多路径引流

B站作为一个内容丰富的短视频平台，用户数量逐年增长，其价值也越来越凸显。B站财报显示，2020年第一季度，B站月活跃用户达1.72亿人，日活跃用户达5100万人。这意味着B站拥有巨大的流量，对于运营者而言，B站也是一个十分有价值的引流平台。

相比抖音、快手等平台，B站有自身的特色，运营者可使用的引流方法也更加多样，主要可采用以下几种方式，如图9-3所示。

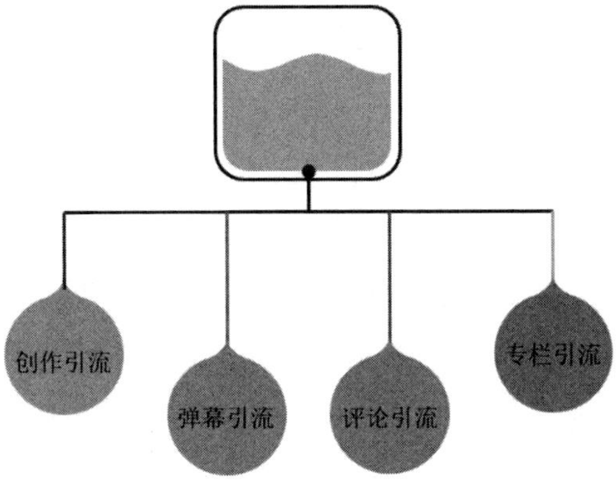

图 9–3　B 站引流的方式

1. 创作引流

在 B 站，最有效的引流方式莫过于创作引流，即在 B 站发布短视频作品。B 站的视频区包括番剧区、鬼畜区、游戏区、生活区、美食区等众多分区，这意味着运营者能够制作更多种类的短视频。在 B 站通过创作引流的重点就在于创新，仅凭一条极具创新性的短视频就吸粉无数的 UP 主并不少见。

2. 弹幕引流

弹幕是 B 站的特色，也深受广大用户的喜爱，在 B 站用弹幕引流是非常好的一个方法。热门短视频的播放量较大，若能通过弹幕吸引用户关注，就能够为自己带来巨大流量。如何通过弹幕引流？运营者需要结合视频内容、当下热点等发布有趣的弹幕，吸引用户关注，同时也可以通过设置弹幕的字体大小、颜色、数量等，使弹幕更加引人注目。

3. 评论引流

在热门短视频下发表有亮点的评论也能够为自己引流。在发表评论时，除了要有亮点，也要注意不要出现硬广，以免使人反感。

4. 专栏引流

专栏是 B 站用户经常活跃的地方，运营者可以通过在专栏上发表文章进行引流。文章的内容要符合主题，同时运营者也需要选择自己擅长的专栏主题发表文章。发布一篇有热点、吸引人的文章可能会带来数万次的阅读量，高阅读量的文章能够带来的流量无疑是巨大的，如图 9-4 所示。

图 9-4　B 站专栏文章

B 站的引流方式多种多样，运营者综合运用以上几种主要的引流方式能够起到更好的引流效果。

9.2 直播引流

直播引流是短视频账号引流的有效手段。如何实现效果更好的直播引流？吸引人的直播预告、精彩的直播内容必不可少，同时，运营者还需要借助粉丝的力量，通过开展直播活动实现粉丝“老带新”，通过粉丝引流。

9.2.1 预告产品卖点和直播福利

要想直播起到更好的引流效果，运营者不仅要重视直播内容，也要在直播开始前做好直播预热。运营者需要在短视频平台、微信、微博等多种渠道发布直播预告，同时还可以开展转发抽奖活动，扩大直播预告的曝光度。

直播预告最重要的部分就是内容，只有足够吸引人的内容，才能够实现直播导流，进而扩大自己的粉丝群体。吸引人的直播预告内容需要包括以下两部分。

1. 产品卖点

当直播的内容是销售产品时，为了吸引流量，运营者需要在直播预告中展示出产品的卖点。例如，当运营者销售的产品是某两家品牌的联名款时，就可以将这一标签展示在直播预告中。同时，为了吸引众人目光，运营者也需要在直播预告中设下悬念，例如，当直播有大咖加盟时，运营者可以在直播预告中透露这一消息，同时隐藏大咖的身份。这种设置悬念的直播预告方式能够给人们留下想象的空间，吸引更多的人来观看直播。

2. 直播福利

出于追求实惠的心理，大多数消费者在购物时，都希望获得更多的福利。运营者在进行直播预告时一定要抓住这一点，在直播预告中透露一些直播中的福利内容，以吸引更多消费者的关注，增加消费者对于直播的期待感。

例如某位运营者和某化妆品品牌进行联合直播，由于这次直播所售的产品是由品牌商直接供货的，没有中间商赚差价，所以产品的价格远低于市场价格。该运营者在直播预告中也公布了这一福利：

“今晚直播中将会抽取 3 人送出最新款 iPad，抽取 2 人送出华为最新款手机，抽取 1 人送出苹果笔记本电脑——但这并不是今晚直播的最大福利，最大福利是要送给每一位消费者的，××品牌彩妆套装，历史最低价格，今晚七点等你来拿！”

该直播预告首先用诱人的抽奖活动预告吸引消费者的目光，接着话锋一转，表示这并不是直播中的最大福利，直播中最大的福利是所有消费者都能获得的福利——××品牌彩妆套装历史最低价格销售。通过这样短短几句话，消费者的好奇心被充分调动起来，同时直播预告中并没有说明产品的价格，这更让消费者对直播充满期待。

在进行直播的福利预告时应注意，福利预告必须是真实的，不可夸大福利内容。运营者可以以超值福利为出发点进行福利预告，也可以从福利的稀缺性、多样性等角度出发发布福利预告。只要运营者的福利预告抓住了消费者最关注的福利焦点，就能够让消费者对直播充满期待。

9.2.2　内容引流：兼具专业性和趣味性

在直播中，兼具专业性和趣味性的内容也能够吸引众人关注，实现为账号引流。直播在传递知识的同时，还能够增进观众对于运营者的了解，拉近运营者与观众的距离，实现引流。

莹莹是一名短视频账号的运营者，由于喜欢化妆，她平时会在抖音上发布化妆技巧、化妆品测评之类的短视频，积累了一定的粉丝，但由于粉丝数量并不多，莹莹很难通过短视频运营获得收益。为了引流，莹莹决定进行一场直播。

直播之前，莹莹在抖音、微博、微信等平台中发布了直播预告——“今晚 7 点，教你变身林婉儿”。林婉儿是电视剧《庆余年》中的女主角，当时，正值电视剧《庆余年》热播之际，众人对于《庆余年》的关注度十分高，因此这条直播预告一发出就获得了许多人的关注。同时，莹莹在直播预告的封面上放上了林婉儿的照片与自己仿妆完成后的照片，而预告的短视频中只显示出了阶段性的仿妆效果，并没有仿妆的步骤。封面仿妆的逼真效果让许多人惊叹连连，同时也有许多人好奇这样逼真的仿妆是怎样完成的。

莹莹的直播预告引起了众人的评论、转发，同时也为她的直播带来了巨大的流量。在晚上的直播中，莹莹在众多观众期待的目光中逐步完成了林婉儿的仿妆，效果果然十分逼真，这让许多观众惊叹于莹莹的化妆技巧，纷纷成为莹莹的粉丝。

上述案例表明，即使不涉及产品推销与优惠活动，兼具专业性与趣味性的直播内容也能够吸引巨大的流量。因此打造直播内容也是运营者的必修功课。例如，如果运营者平时短视频的内容以化妆品推荐和化妆小技巧教学为主，那么就可以开展直播，在直播中完整地完成某一风格的妆容；如果运营者短视频的内容以美食制作为主，那么就可以开展直播，在直播中完成某一菜品的教学。

在选择直播内容时，运营者应选择最能展现自身专业性的内容，同时在直播过程中穿插具有趣味性的讲解。此外，结合当下热点进行直播能够取得更好的引流效果。

9.2.3 邀请有礼：直播活动引流

在直播的过程中，运营者可以通过有特色的活动实现引流。邀请有礼就是直播引流的一种有效手段，能够激发老粉丝邀请新粉丝的积极性，从而实现引流。

邀请有礼活动主要有两种形式：邀请码和分享链接。

1. 邀请码

邀请码是一种相对烦琐的邀请方式，在老粉丝用邀请码邀请新粉丝时，老粉丝和新粉丝都需要记录邀请码，同时还要通过指定渠道填写邀请码。因此邀请码的应用场景相对较少。

2. 分享链接、二维码

分享链接和二维码是最常用的邀请方式，其优点是方便快捷，可以在微信、QQ 中快速传播。

邀请有礼的流程如下：

（1）老粉丝发起邀请，把邀请链接分享给新粉丝。

（2）新粉丝接受邀请 — 注册（手机号+验证码） — 参与活动并下单。

（3）新粉丝注册后可获得奖励，奖励一般为店铺优惠券礼包。

（4）老粉丝获得奖励：被邀请新粉丝注册后，老粉丝可获得一个奖励，被邀请新粉丝下单后，老粉丝可获得另一个奖励。奖励可以是优惠券或者产品实物。

在通过邀请有礼进行活动宣传时，运营者必须注意到以下两个问题。首先，老粉丝的邀请积极性可能会不高，因为邀请新粉丝成功后老粉丝才可获得奖励，而如果运营者开展活动的力度不够，那么老粉丝邀请成功的概率也不会高。其次，新粉丝接受邀请的概率和运营者开展活动的力度呈正相关，如何用最低的资金投入获得最大的宣传效果是运营者需要认真思考的一个问题。

为解决以上两个问题，运营者要设置合理的老粉丝奖励机制，老粉丝在发起邀请后就可以获得一个小奖励，这能够让老粉丝有即时的满足感。同时，运营者可以将新粉丝的奖励设定为随机奖励，如最高获得 100 元无门槛优惠券等。运营者可以通过控制礼品和中奖比例来控制活动成本。此外，高价值奖励的吸引也能够提高邀请转化率。

在老粉丝发起邀请时还存在一个问题，那就是如果老粉丝发起邀请时总是获得相同的奖励，也会挫伤老粉丝持续邀请的积极性。对于这个问题，运营者可以用两个办法解决。首先，运营者可以把老粉丝奖励改为随机奖励。其次，老粉丝邀请的新粉丝越多，其获得的奖励也会逐渐增多，运营者可以为老粉丝设置阶梯式奖励发放规则。

在开展邀请有礼活动时，为了提高邀请的转化率，运营者也需要使用一些小技巧。

1. 与各种节点、热点相结合，推广邀请活动

邀请活动与节点、热点相结合更能够引人注目，邀请活动也更容易被新粉丝所接受。二十四节气、各种中西方节日都可以是开展邀请有礼活动的主题。例如，运营者可以在母亲节前夕开展一次主题为“母亲节快到了，为母亲准备一份贴心的礼物吧”的邀请有礼活动，这样与节日相结合的邀请活动更容易引发别人共鸣。

2. 保证邀请有礼活动的优惠力度，满足新老粉丝心理预期

不论是老粉丝还是新粉丝，他们参与活动的最主要原因就是活动具有足够的吸引力。因此运营者在开展邀请有礼活动时，一定要保证优惠活动的力度，满足新老粉丝追求实惠的心理，只有这样，邀请有礼活动才会得到有力的宣传推广，提升引流的效果。

邀请有礼活动之所以能够取得很好的引流效果，不仅与这种活动形式自身的特性有关，还与运营者的设计方式有关。运营者在开展邀请有礼活动时，一定要使用好各种小技巧，这样才能够将活动效果最大化。

9.3 社交平台引流

QQ、微信、微博、百度贴吧等社交平台拥有巨大的流量，因此社交平台引流也是运营者引流的重要方向。在不同的社交平台进行引流时，运营者也需要掌握不同的引流方法。

9.3.1 QQ 空间、QQ 群

虽然各种各样的网络社交平台层出不穷，但 QQ 作为国内网络社交平台的鼻祖，依然拥有一批庞大而又忠诚的粉丝。所以，QQ 是运营者进行引流的主要阵地之一。

运营者可通过 QQ 空间进行引流，将短视频或直播的链接发布到 QQ 空间中，同时，寻找与短视频、直播相关的文章并转载分享到自己的空间。这有利于在潜移默化中将 QQ 好友转化为自己的粉丝。同时，运营者通过 QQ 空间引流需要有耐心，可以培养很多小号加人，然后用小号分享有意义的内容来吸引人，打造空间人气。人气提升了，引流工作也就成功了一半。

比起 QQ 空间，利用 QQ 群引流更容易操作。QQ 群里往往聚集着一批有着相同爱好的人，并且通过输入关键词就能够找到，运营者可搜索一些与短视频、直播相关的 QQ 群并加入其中。这些群里有许多关注短视频、直播，并积极发表观点的人，通过和他们的交流，运营者一方面可以了解目标人群的喜好，另一方面可以了解他们对各大短视频平台、直播平台的看法。这些都是做好短视频和直播的宝贵资源。在引流的同时，还能搜集用户的喜好等信息，可谓一举两得。

运营者也可以自己建群。在建群时要注意设置好关键词，以便于用户搜索。群名称当然以直截了当的形式最佳。QQ 群在刚开始建立时，可能难以加到人。这时运营者可以有效利用已有的群成员资源，开展“有奖拉人”活动。即每个群成员拉够 5 个或 10 个成员进群，就给予其相应的奖励。这种有奖激励机制能够吸引一大拨群成员积极拉人，从而壮大 QQ 群，最终达到引流的目的。

9.3.2 微信：朋友圈、公众号

微信是进行社交平台引流的重要工具。当前，微信已经成为人们离不开的一个日常联系工具，其用户群体横跨各个年龄、各个阶层，无论短视频的目标人群是哪个群体，在微信上都能够找到对应的用户，通过微信引流是十分有效的引流手段。

微信引流的方式主要有两种，一种是通过微信朋友圈引流，另一种是通过微信公众号引流。在通过微信朋友圈引流时，运营者可以在朋友圈中发布短视频或直播预告，同时设置关注、转发送好礼的活动，吸引朋友圈好友成为自己的粉丝，同时促进短视频或直播的曝光和推广。

通过微信公众号引流是微信引流的重要手段，这种方式具有以下

两方面的优势。

1. 成本低，效果好

微信公众号的建立本身是免费的，运营者唯一需要投入的成本在其日常维护运营上。并且由于关注该微信公众号的粉丝本身对其短视频是存在了解的兴趣的，所以该团队的短视频定位必然是符合其需求的。在日后的微信公众号的运营上也可以依照该需求，量身打造并推送短视频或文章。

与微信公众号进行日常互动的粉丝往往是有特定种类的，这一部分粉丝由于其需求被高度满足，有极大的被转化成为忠实粉丝的潜力，这对短视频账号的发展也有极大的推动作用。

2. 互动方式多样

微信公众号由于其植根于平台的自身特点，运营者在日常推送消息时可以采用文字、图片与语音等形式，可以根据需要传递的信息的不同而选择不同的方式来进行发布，这些方式使得互动变得更加灵活。并且由于其方式的多样性，很容易让粉丝有新鲜感，提高粉丝在微信公众号进行互动的积极性。

在通过语音这种方式来与粉丝进行互动时，由于声音比文字、图片能传达给粉丝的情绪信息更多，可以很大程度上拉近运营者与粉丝之间的距离，建立稳固的连接，从而提升粉丝黏性，形成稳定的粉丝群体。

如何利用微信公众号实现引流？运营者需要做好以下几个方面的工作。

首先，运营者要保证微信公众号内容的质量，多更新与公众号主题相关的“干货”内容。例如，运营者建立了推广短视频和直播的公众号之后，除了发布短视频或直播预告，还要发布与短视频或直播相关的实用内容，包括短视频制作技巧、直播要点等，“干货”内容能够吸引更多的粉丝。

其次，运营者可以在微信公众号中发放一些福利，如每周开展一次抽奖活动、发放产品优惠券等。同时，在微信公众号中发布直播预告时，也需要在封面中直观地表明直播中的福利活动，以便更好地实现引流。

最后，运营者要长期坚持，定期更新微信公众号。微信公众号引流不是一蹴而就的，需要长期坚持才能够发挥作用，同时，运营者需要保持微信公众号更新的频率，尽量不要延期更新，更不要断更。定期更新能够培养粉丝关注微信公众号的习惯，增强粉丝黏性。在保证质量的前提下，微信公众号更新的频率越高，越有利于粉丝的吸引和引流。

9.3.3 微博：账号运营与关键词引流

微博拥有庞大的用户群体，在微博发布短视频或直播预告、直播链接等，是引流的一种有效途径。微博信息传递效果强，所发的话题更容易引发探讨。那么，应如何利用微博进行引流？

运营者可以利用热门话题进行微博引流。微博中每天都会有各种各样的热门话题，运营者在发布短视频或直播预告时就可以带上热门话题的标签，以此引流。在选择热门话题时，也要选择与短视频或直播内容相关的话题，热门话题往往有非常多的参与者，而这些参与者就是运营者的目标人群。另外，根据这些热门话题，运营者还可以找到短视频和直播的创作方向。

积极与人们互动能够更好地吸引粉丝。运营者可以在微博评论中与人们互动，耐心回复私信中的问题，通过积极的互动将更多的微博用户转化为自己的粉丝。

此外，运营者可以在微博中开展多种活动来提高知名度，吸引粉丝，可以利用转发抽奖和有奖竞猜两种活动引流。

转发抽奖活动已经被很多直播平台使用，并且反响较好，对于用户而言也十分方便。当然，要想达到较好的引流效果，运营者可以适当提高门槛，如除了关注、转发，还需要评论或@一定数量的好友才能参与活动。

有奖竞猜活动通常是给出一个谜语或者一个知识性问题，让广大用户在规定时间内寻找谜底或答案，再在猜对的用户中抽奖。这个活动最关键之处在于要将活动环节设计得别具匠心，有趣味性。这样能够激发用户的参与愿望，让用户自发转发，从而提高运营者微博账号的曝光度，达到引流的目的。

运营者需要注意，不要在开展微博引流活动前设置遥不可及的目标，也不要为了达到更好的引流效果盲目设置大量奖励。这样做可能会吸引大量粉丝，但是这些粉丝实际上都是冲着礼品而来的，难以转化为账号的粉丝。

9.3.4　百度贴吧、百度文库、百度百科

通过百度贴吧、百度百科和百度文库引流因为其免费的优势而广受许多人的青睐。百度贴吧虽然隶属百度，但它其实是一个独立品牌。

贴吧是一种网络社区，而百度贴吧是全球最大的中文网络社区，拥有数亿的用户。所以，通过百度贴吧来进行引流是一种可行的方法。

如何利用百度贴吧引流？运营者可以从以下 3 个要点入手，如图 9-5 所示。

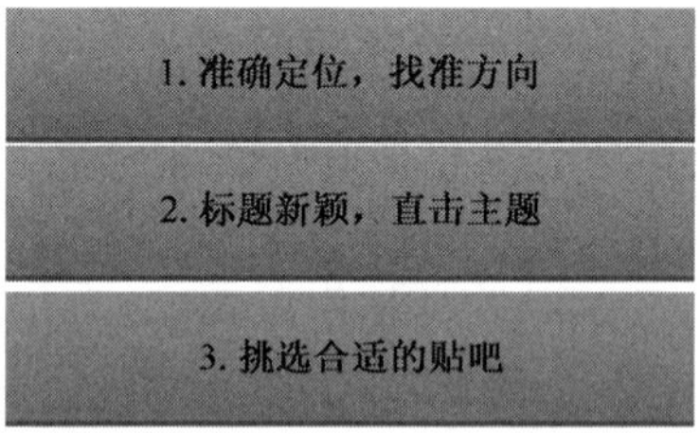

图 9–5　贴吧引流的 3 个要点

1. 准确定位，找准方向

利用百度贴吧进行引流时，首先要分析账号的性质。只有定位准确了，才能找准引流的方向。利用百度贴吧引流最基本的目的就是通过帖子去吸引路人，从而将这些人转化为自己的粉丝。在撰写帖子时，运营者要保证帖子内容的质量，再在百度贴吧上搜索定位更精准的如“百度直播吧”“百度短视频吧”等进行发布。

贴吧的吧主会对贴吧进行维护，同时会将贴吧内质量上乘的帖子设为精品帖。如果运营者能够写出高质量的帖子并使其成为贴吧的精品帖，就能够使帖子获得更多关注，同时达到更好的引流效果。

2. 标题新颖，直击主题

要利用百度贴吧引流，就要知道什么样的帖子才能激起人们的兴趣，从而达到引流的目的。从心理学的角度来说，最直白的标题往往能直击人们的心灵，给他们留下深刻印象。因此在给帖子取标题的时候，一定要明确自己的目的，以便实现精准引流。

3. 挑选合适的贴吧

就算是用户数量庞大的贴吧，在发布完一个帖子之后也不可能立刻就有人来看了，也有可能没人感兴趣。帖子在写完之后有人看并且有效果了，才算达到了引流目的。所以选择合适的贴吧发帖也很关键。该如何挑选合适的贴吧呢？除了挑选一些跟自身账号内容有关的贴吧，也要注意贴吧的人气、精华帖的浏览量，不要选择人气太低的贴吧。

在挑选了合适的贴吧发帖后，引流工作并没有结束，运营者还要时常对其进行更新维护。如果遇到有人回帖提问题，也应该热情回答。运营者还要和吧内的用户建立起良好的关系，这些人都是引流的目标人群。运营者要想有长久的发展，在贴吧建立起良好的人际关系必不可少。

另外，与百度贴吧有着异曲同工之妙的百度文库和百度百科也是引流的有效途径。在百度文库上引流主要是通过发布文档的形式进行的。百度文库本就是一个供用户分享文档的平台，同时百度文库上的资料具有权威性，更能够得到用户的信任。除此之外，百度文库上的资料可以下载，用户随时随地都能阅读，非常便捷。也正是如此，百度文库的用户量也不容小觑。而百度百科能够展示运营者账号的基本信息，供用户随时随地阅读查看，十分便捷。

例如，在百度文库中选择“直播”进行搜索就能发现许多关于直播的文章，其中的优质文章能够达到数十万次的浏览量。可以说百度文库的引流效率是很高的。

不论是通过百度贴吧、百度百科还是百度文库引流，运营者都必须目标清晰，定位准确。这样才能在写作文章时收放自如，以高质量的文章提高引流效率。

9.4 三大引流技巧助你快速成为达人

在进行多渠道引流的同时，运营者需要掌握一定的引流技巧。引流的效果不仅在于流量的多少，也在于流量的精准性，引流技巧配合多渠道引流能够达到更好的引流效果。

9.4.1 原创是一切的基础

在营销界，内容为王已经成了一个老生常谈的话题，而且从根本上来说，互联网市场的竞争确实是以内容为核心的。因此，要想提升引流的效果，就必须创作出更加具有吸引力的内容。那什么样的内容更加具有吸引力？毋庸置疑，一定是原创内容。

一般来说，原创内容需要围绕账号的定位来进行构思，来源可以扩散到各个方面，例如生活日常、兴趣特长、热点翻拍、颜值身材等。只要掌握一些比较实用的技巧，原创内容的创作并没有那么难。

最开始时，绝大多数运营者都是自己构思原创内容，但是随着知名度和影响力的提升，就需要组建团队，让成员来提供创意，从而有效防止后继乏力现象的出现。除此以外，在创作原创内容时，还必须格外注意充分展示自己的特色。

创作原创内容的最大难点就是，很可能会出现定位不明确的情况。也就是说，在这一过程中，常常会充满各种各样的不确定性，甚至还会因为盲目听从了其他人的建议，丧失了自己的风格。

因此，在创作原创内容时，运营者要时刻牢记自己的特色，并将其充分展示出来。这种循环加深记忆的方法，能够强化人们对于内容的认知，同时能够扩大内容的影响力。

“国学起名参考”是一个通过八字为人们起名的快手号，该快手号的特色非常引人注目，即国学起名。为了让自己的原创内容更加具有吸引力，“国学起名参考”不仅坚持秉承定位的要求，还十分注重特色的展示。另外，“国学起名参考”还将各种起名方式分门别类，极大地方便了人们观看，如图 9-6 所示。

图 9–6　“国学起名参考”将各种起名方式分门别类

对于任何一个短视频账号来说，具有特色的原创内容都是其生存的根本，同时也是提升营销效果的重要途径。因此，在创作原创内容时，运营者首先要形成自己的特色。

9.4.2 建立固定人设

对于账号的引流而言，建立人设也是一个非常关键的环节，这个环节的主要目的是通过人格化来聚集目标群体和提升粉丝黏性。同时，具有鲜明人设的账号能够实现更精准的引流。至于应该如何建立人设，最重要的是形成与众不同、个性鲜明的风格。

“手工耿”是B站上一名知名的UP主，拥有420余万粉丝，如图9-7所示。“手工耿”喜欢制作一些十分有趣但实用性不强的手工品，被粉丝戏称为“保定爱迪生”“发明界的泥石流”“国产凌凌凌”等。

图9-7 “手工耿”B站账号

“手工耿”虽然集脑洞与才华于一身，但由他发明出来的手工品并不实用，所以粉丝经常在他的短视频中评论“耿哥出品，必属废品”“除了正事，其他都干”“真怕他哪一天发明出真正有用的东西”等。

正是凭借这种“坚决不发明有用东西”的人设，“手工耿”逐渐形成了自己的一套独特风格，他的B站账号也独树一帜，获得了大量粉丝的支持和喜爱。“手工耿”发明的“夫妻分分合合床”“多米诺开瓶器”“生日蛋糕涂抹器”等有趣的手工品纷纷被粉丝点名要求预定。

建立人设与定位非常相似，都是要从差异化、个性化着手。因此，在建立人设之前，运营者必须要对大环境和自身的优势进行深入分析，并在此基础上找到自己的风格并一直延续下去。如此一来，运营者既可以聚焦粉丝，提升粉丝黏性，还可以通过内容的沉淀影响，打造出一个属于自己的粉丝流量池。

9.4.3　积极参与平台发起的活动

积极参与各平台的活动也是引流的重要技巧。以快手为例，快手经常会发起一些活动，这些活动是宣传和推广快手号的绝佳途径，运营者要积极参与。快手曾发起过一个名为“我的美好生活”的活动，引发了广大媒体和快手号运营者的关注。

据相关数据显示，“我的美好生活”吸引了近 34000 万名快手用户的参与，产生的短视频也已有 4000 多个。这些快手用户来自我国的各个省市，如四川、河北、吉林、天津、湛江等。他们用快手记录并分享生活中的点点滴滴，鼓舞着更多人珍惜当下这来之不易的幸福和美好。

“民工舞王《冲 50W》”是一个拥有大量粉丝的快手号，其运营者是一个普普通通的民工，他非常喜欢在下班以后跳舞给工友看。他通过自己的努力学会了鬼步舞、机械舞、太空步等舞蹈，凭借着对舞蹈的热爱和坚持不懈的精神获得了成千上万的点赞。

在参与了“我的美好生活”之后，“民工舞王《冲 50W》”的粉丝数量有了很大的提升，这些粉丝因为受到了他的感染，也开始把自己多年前的兴趣重新捡起来，大胆迈出了追求梦想的重要一步。

除了“民工舞王《冲 50W》”，“力量大声唱”也参与了“我的美好生活”，让自己被更多人熟知，获得了众多粉丝。洪亮的嗓音加上高亢的情绪，“力量大声唱”被粉丝赋予了“电焊韩磊”的称号。他用激昂的歌声为电焊生活带来了活力与生机，向支持自己的广大粉丝传递了祝福和力量。

此外，“奶奶的农村生活”“刘教练是孩子王”“少城+少勋双胞胎”等比较火爆的快手号也参与了“我的美好生活”，通过展示平凡的快乐和幸福，收获了一大批粉丝的支持、喜爱，使自己的曝光度得到了大幅提升。

像“我的美好生活”这种接地气、国民参与度高的活动，非常适合想要吸引更多粉丝的运营者参与。一方面，可以获得极为广泛的关注，使自己被更多人了解和熟知；另一方面，可以与人们进行深度的互动，建立起更加紧密的联系。

第 10 章

卖货变现：爆款打造方法论

当短视频账号拥有了一定数量的粉丝后，也就有了变现的基础。卖货变现是流量变现的主要形式，也是诸多运营者广泛尝试的一种变现方法。卖货变现有不同的形式，运营者可以根据账号的运营情况选择合适的变现方式。同时，通过短视频和直播进行营销时，运营者也需要掌握必要的营销手段。

10.1　卖货变现的三种形式

卖货变现有三种不同的形式，运营者可以建立自己的品牌、可以开设店铺自建供应链，也可以与其他品牌进行合作，推出联名产品。这三种卖货变现的方式都较为成熟，并都有很多成功的案例，运营者可根据自身需求进行选择。

10.1.1　基于自身特色创建独立品牌

基于自身特色创建独立品牌是卖货变现的有效形式，李子柒就是通过短视频运营建立独立品牌、实现变现的成功案例。美食达人李子柒用一道道古法自制美食吸引了一大批粉丝，在用高质量内容沉淀了良好的口碑以后，李子柒已经变成了一个 IP、一个符号，这为其建立品牌奠定了良好基础。

对于李子柒来说，2018 年 8 月 17 日是极其不寻常的一天，因为她的同名天猫店铺在这一天正式上线，自此以后，她开始走上了自建品牌变现的道路。天猫数据显示，她的天猫店铺上线当天，除了即食燕窝，其余产品的销售量均超过了 1 万件，销售总额更是突破了 1 千万元，评价区的留言也以夸奖、赞美为主。

李子柒创立品牌并实现成功变现离不开其对短视频内容的深耕和对粉丝的沉淀。

最初在美拍上发布短视频时，李子柒一直坚持更新，基本上每周都会更新一次。与其他美拍达人相比，这样的频率也许不算高，但是她可以保证自己输出的每一个短视频都是高质量短视频。通常情况下，李子柒的短视频都会带有“古香古食”“美食”的标签，目的就是让大家知道这是传统美食的手工制作短视频。

短视频中的食材都是李子柒在自己家地里新鲜摘取的，灶台是最古朴的柴火石灶，厨具是最普通的竹篮木碗。在制作美食的过程中，无论是洗、切，还是蒸、炒、炸、炖，她都力求做到精致认真，保留原料最本真的味道。对于那些居住在城市之中的人们来说，这种质朴、真实的乡村生活非常具有吸引力。

短视频账号要想吸引更多的粉丝，就必须对内容进行精耕细作，“内容为王”的原则永远不会过时。在这一方面，李子柒没有让大家失望，她凭借着自己的高质量内容，获得了一大批粉丝的青睐。

在李子柒的短视频深受粉丝的喜爱之初，李子染并没有急于变现，而是致力于打造短视频内容，沉淀品牌价值和粉丝基础。于是，当李子柒的天猫店铺上线以后，众多粉丝的消费欲望转化成异常强大的消费力，带来了其销售量和销售总额的火爆。

经过两年左右的经营，李子柒已经成为知名的美食品牌，其天猫旗舰店的粉丝已突破 500 万，如图 10-1 所示。

图 10–1　李子柒旗舰店

建立独立品牌并实现变现是一种难度较高的变现方式，在拥有一定影响力及粉丝基础的基础上，运营者才能够建立独立品牌。同时，在建立品牌之后，运营者必须保证产品的质量，以便建立良好的口碑。此外，运营者还应通过更新优质短视频、进行直播等方式，不断提升品牌的口碑、扩大品牌的影响力，从而促进品牌变现。

10.1.2　开设店铺，自建供应链

在短视频账号运营的过程中，如何让流量变现一直是一个最为关键的问题。以快手为例，长期以来，快手号运营者只能通过广告和打赏来获得收益，这严重打击了他们进行短视频创作的热情和积极性。为此，快手不断创新，借助电商扩展了变现的方式。

对于快手号运营者来说，入驻快手的终极目的是获利，而快手恰好为他们创造了便利的条件，那就是可以开通自己的小店。这样人们就可以直接购买短视频中的产品，节省了时间和精力。

开通小店以后，运营者可以添加第三方电商平台，如淘宝、有赞的产品，同时还可以进行直播。小店也可以在短视频及个人主页中展示。如果个人主页中展示了小店，如图 10-2 所示，那么只要点击一下，就会出现一个商品列表的界面，如图 10-3 所示，人们就可以在这个界面选择并购买自己喜欢的商品。

图 10–2 个人主页中的小店

图 10–3 商品列表的界面

对于快手来说，小店可谓是变现道路上的一种探索。如今，大多数人都在电商进行购物，通过与淘宝、有赞等第三方电商平台合作，快手对满足条件的快手号提供卖货功能，不仅有利于推动变现的合规化，还有利于降低互动的门槛，形成交易闭环。

10.1.3　与品牌合作，推出联名产品

与品牌合作推出联名产品也是卖货变现的主要途径。2019 年 12 月，星座成为社交媒体的热门话题，许多热衷于星座的人们都在积极关注着新的一年的星运走向。在热闹的氛围中，知名 IP 同道大叔和统一奶茶联合推出了 12 星座联名款奶茶，一时间吸粉无数。

此次推出的 12 星座联名款奶茶拥有个性的外包装，并且为限量版，是专属于年轻人的青春初尝款奶茶。统一奶茶在强调口感“够麦味”的同时，更传达了“go my way（走我的路）”的观点，让年轻人在有统一奶茶陪伴的日子里，能够顺从内心、活出自我。

统一奶茶是快消饮品市场的领导品牌之一，在发展历程中紧跟社会热点和消费者喜好，不断调整产品及包装，以便更好地满足年轻人的需求。而同道大叔作为一个粉丝众多、活跃于各平台的超级 IP，具有极高的识别度和强大的影响力，其推出的 12 星座形象深受粉丝的喜爱。

统一奶茶与同道大叔合作，着眼点就在于年轻文化圈层中的星座文化。星座文化深受年轻人的喜爱，同道大叔巧妙地将“星座个性”与原创 IP 形象相结合，赋予 IP 形象人性化的特点，吸引消费者为象征自己个性的身份认同感买单。而统一奶茶借同道大叔推出的 IP 形象，将星座特性与奶茶相结合，赋予统一奶茶独特的个性、形象，为统一奶茶增添了 IP 的魅力，吸引人们的关注，引导他们购买。

二者的合作既吸引了追求个性的年轻消费者，又为星座爱好者提供了一项具有社交共性的玩法，使得“星座运势”话题吸引了众多消费者的关注。在强强联合的基础上，又创造出了新的内容，实现了

“1+1>2”的效果。

双方联名推出的统一奶茶星座瓶瓶身外包装焕然一新，给消费者带来了新鲜感。同时，活泼可爱的星座形象体现在瓶身上，能更好地打动喜爱星座文化的年轻消费者。

借此机会，同道大叔发布了12星座系列条漫，从“12星座各有态度”的角度出发，讲述各个星座的生活态度，引发粉丝的传播，形成良好的传播闭环，进一步提高了产品销量。

同道大叔通过与品牌合作实现变现，这也是运营者卖货变现的一种重要形式。在进行合作时，品牌方会对短视频IP的影响力、形象定位等有要求，同时运营者也需要选择与自身内容相关、目标人群一致的品牌进行合作。

10.2　如何通过“短视频+直播”做营销

在通过卖货实现变现的过程中，短视频与直播的结合能够发挥出强大的营销势能，有效提高产品销量。在通过短视频和直播进行营销时，运营者需要展示出产品的用法、功能等，同时需要树立口碑，在粉丝心中建立良好形象。此外，在通过短视频推广产品时，也要定期开展直播，进行流量变现。

10.2.1　展示产品的用法和独特功能

短视频和直播都是产品营销的有效手段，但是它们在时长和表现形式上有所不同，因此，在通过这两种手段进行产品营销时，运营者需要设计的内容也有所不同。

短视频的时间较短，运营者需要突出表明产品的用法、功能、购买优惠等。例如，某短视频展示了一款美白精华液，在短短 1 分钟的视频中，分别展示了精华液的外形、成分、“透、光、白”的功效，以及精华液的折扣和赠品等，这些内容都是消费者着重关注的部分，因此能够瞬间吸引消费者的目光。

直播的时间较长，运营者可在内容中展示更多的内容。为了吸引消费者购买产品，运营者需要在直播中充分展示产品的外形、用法、功效等。在直播中展示产品时，运营者可以向消费者展示更多的产品细节，如让产品贴近镜头，向消费者展示产品的花色、纹理等细节，也可以对着镜头摸一下衣料的质感，用指甲轻划一下皮具等，展示出产品有非常好的手感和质感。这些细节都能够体现出产品的质量。在展示产品的功效时，运营者也可以在直播中试用产品，直观地展示出产品的功效。在直播中试用产品能够增强产品的说服力，让更多的消费者认可产品。

同时，借助直播的直观性，运营者可以在直播中试用、测评与销售产品相关的其他产品，突出销售产品在功效或价格方面的优势，吸引消费者购买产品。

此外，为了突出产品的高性价比，运营者需要多次提醒产品优惠，激发消费者的购物热情。为消费者提供优惠是营销的重要手段，在介绍完产品后，运营者需要提醒消费者购买产品所能享受的优惠，例如“现在下单享 9 折优惠”“本件产品 8 折促销”等。

10.2.2 树立口碑，建立良好形象

在通过短视频或直播进行产品营销时，运营者要注意树立口碑，建立良好的形象。良好的口碑能够提高消费者的信任度，引导消费者进行消费。

如何在短视频和直播营销中树立口碑？最重要的就是要做到讲诚信，这体现在以下两个方面。

首先，对于营销中的活动，运营者要讲诚信。如果短视频预告中表明了直播中会出现哪些福利活动，那么直播的过程中就必须体现出这些活动，不能为吸引关注而进行虚假宣传。同时，对于直播中开展的活动，运营者也需要逐一落实每一个环节，确保消费者能够真实享受到优惠。

其次，运营者要保证产品的质量，以此树立口碑、建立良好形象。如何体现出产品的质量？在短视频中，运营者可以展现出产品获得的权威认证或相关专家、品牌代言人等对其的推荐，提高消费者对于产品的信任。在直播的过程中，运营者也需要通过展示产品细节、试用产品等来展现产品的质量和功效。

同时，在直播的过程中，除了讲明产品的卖点，运营者也需要坦然讲明产品存在的缺陷。任何产品都不是完美的，相比隐瞒产品的缺陷，坦然讲明产品的缺陷更容易树立良好口碑。

一些运营者在介绍产品时只是一味地介绍产品的优势，对产品的不足之处绝口不提。但是，运营者这样的自卖自夸只会让消费者对产品产生怀疑。如果运营者在说明产品优点的同时也讲明产品的缺陷，就会让消费者感觉到主播的坦诚，也就会信任其所推荐的产品。

运营者坦然讲明产品的缺陷是十分有必要的，但也是需要技巧的。在讲明产品缺陷时，运营者需要注意以下两个要点。

首先，运营者要主动讲明产品的缺陷。在介绍产品时，运营者主动讲明产品的缺陷更能赢得消费者的信任。如果运营者在介绍产品时回避了产品的缺陷，等到消费者询问时才被迫讲出产品的缺陷，就会降低消费者对于运营者的信任度。尤其是对于一些缺陷明显的产品而言，即使运营者不讲明产品的缺陷，消费者也能够看到。所以，运营者主动讲明产品的缺陷反而能够赢得消费者的信任。

其次，运营者在讲明产品缺陷的同时也要讲明产品的价格优势。在功能上存在缺陷的产品往往价格也相对便宜，低价格就是这类产品的竞争优势。运营者在介绍完产品的缺陷后，应及时讲明产品的价格优势，以此吸引追求实惠的消费者购买产品。

例如，某运营者在销售一款手机时，就坦然讲明了手机在功能方面的缺陷，同时讲明了手机的价格十分实惠，这让他赢得了消费者的信任，也让手机获得了不俗的销量。该运营者推销的这款手机是某品牌经典款手机，该款手机外观时尚，机身小巧，搭载最先进的处理器，性能优越。在介绍完手机的优势后，运营者又讲道："这款机身小巧的手机也存在一些固有的缺陷，它的屏幕为 4.7 英寸，屏幕小就意味着当大家在观看视频时，这款手机无法带给大家更好的观看体验，同时它的内存也不大，难以存储大量的游戏、照片及文件资料。但是这款手机性能优越、功能齐全，能够满足大家的日常生活需求，喜欢小屏手机的朋友千万不要错过。"

由于该运营者坦然讲明了这款手机存在的缺陷，让消费者感受到了他的真诚，因此，消费者也更加信任运营者及他推销的这款手机，即使这款手机存在一些缺陷，但是仍获得了不俗的销量。

此外，运营者也可以通过赠送运费险或提供 7 天无条件退换等服务提高消费者对于自己的信任，树立良好口碑。当消费者反馈购买的产品存在问题时，运营者也要及时向消费者表示歉意并进行适当补偿，让消费者感受到自己的诚意，以便树立良好口碑。

10.2.3　定期直播，统一变现

短视频营销是有效的引流手段，而直播是有效的流量变现手段，为了提升直播变现的效果，运营者有必要定期开展直播，进行流量变现。定期直播有利于培养粉丝的观看习惯，加深粉丝对于直播的印象，更好地实现引流与流量变现。

以淘宝直播间为例，淘宝直播间开播前期的流量是由运营者自身吸引的流量和系统匹配的流量组成的。系统匹配方面运营者无法改变，那么运营者就要从自身着手提升流量，因此发布直播预告，让更多的人知道即将开启直播这件事就显得尤为重要。在多渠道发布直播预告时，除了表明即将进行直播，也要标明“每晚 6 点直播”等信息，传达出定期直播的信息。

为了吸引和沉淀粉丝、实现更好的变现效果，运营者需要保证直播的频率，最好做到每天定期直播。同时，在直播时间的选择上，运营者也需要掌握一定的技巧。

首先，运营者需要分析同一平台、同一细分领域中头部运营者的直播时间，尽量错开这一时间段，避免激烈的流量竞争。其次，运营者要考虑目标人群的时间分配，一般而言，白天为许多人的工作时间，观看直播的人并不多，而到了晚上，许多人都可以在空闲时间里观看直播，因此，在晚上进行直播能够吸引更多人的关注。

第11章

IP变现：建设超级文化符号

打造短视频 IP 是实现短视频变现的有效途径，成熟的短视频 IP 的变现能力十分惊人。短视频 IP 是一种超级文化符号，对粉丝具有超强的吸引力。打造短视频 IP 能够更好地留存粉丝，也能够使粉丝在情感认同的基础上愿意为短视频 IP 消费。

如何做好短视频 IP 变现？运营者要以优质的内容、极具个性的 IP 形象等打造短视频 IP，同时扩大短视频 IP 的传播范围、提高短视频 IP 的曝光度。同时，合理的运营能够提高短视频 IP 的价值，助力实现短视频 IP 的变现。此外，短视频 IP 变现有不同的方式，运营者可根据短视频 IP 的定位、内容等选择合适的变现方式。

11.1　探索新经济时代的出路

通过打造短视频 IP 来实现变现是短视频发展的重要方向，一条优秀的短视频能够带来一时的收益，而短视频 IP 能够长久、持续地创造收益。打造短视频 IP 是提升变现能力的前提，同时短视频 IP 的变现还需要流量、资源、供应链等多方面的支持。

11.1.1　打造 IP 是提升变现能力的重要前提

当前，短视频与直播领域越来越火热，入局的人也越来越多，如何在激烈的竞争中崭露头角并成功实现变现？打造 IP，提升 IP 的影响力，是提升变现能力的重要前提，其原因主要体现在以下几个方面，如图 11-1 所示。

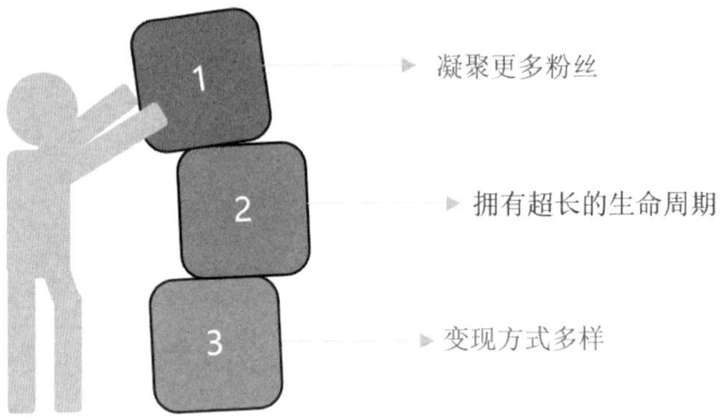

图 11–1　打造 IP 能够提升变现能力的原因

1. 凝聚更多粉丝

相比普通的短视频账号，形成 IP 的短视频账号能够凝聚更多的粉丝。IP 是一种超级文化符号，具有较高的辨识度和影响力，能够加强粉丝对于 IP 的认知，吸引更多粉丝的关注。同时，IP 传递出的感情和价值观能够增加粉丝的认同感和归属感，增强粉丝的黏性。这些对于 IP 变现都是十分有利的。

2. 拥有超长的生命周期

形成 IP 的短视频必定有优质内容的支持，这些不断更新的优质内容能够体现出 IP 的价值观和精神内核，这是 IP 最吸引粉丝的地方，同时也使其拥有了超长的生命周期。短视频 IP 不断推出新的优质内容，满足粉丝的需求，就能够获得更长久的发展，也能够使 IP 实现长久、持续的变现。

3. 变现方式多样

短视频形成 IP 后，其变现形式会更加多样。当前短视频获得的收益多为平台发放的创作收益或短视频、直播带货所获得的收益，而当短视频形成 IP 后，在更多流量的支持下，创作收益或直播带货收益等都会大大增强，同时，运营者还可以通过创作 IP 的衍生品、与知名品牌合作推出联名产品、推出课程引导粉丝进行知识付费等方式获得收益，变现方式更加多样。

打造 IP 是提升变现能力的前提，短视频 IP 具有更强的粉丝吸引力和凝聚力，拥有超长的生命周期，可以实现长久的变现，同时其变现方式也更为多样，能够实现多方面创收。

11.1.2　IP 变现的核心要素

要想实现 IP 变现，只打造好 IP 是远远不够的。IP 变现是一个流程，吸引粉丝、选择变现方式、获得收益等各个环节都需要运营者仔细考虑。IP 变现的过程离不开 3 个核心要素的助力，分别是流量、资源和供应链。

1. 流量

流量是实现 IP 变现的基础，流量的多少直接决定着 IP 变现能力的强弱。因此，运营者要始终将吸引和留存粉丝作为重要工作，通过加强 IP 曝光和推广吸引更多粉丝，通过与粉丝互动、发放粉丝福利等提高粉丝活跃度，引导粉丝消费。此外，运营者还可以定期举办线上或线下的粉丝活动，增强粉丝的黏性，提高粉丝的忠诚度，沉淀更多粉丝。

2. 资源

资源对于 IP 变现而言也是十分重要的，媒体资源、品牌客户资源、上下游产业链资源等都是实现 IP 变现的重要资源。为了获得更多的资源，一些短视频账号会与平台或 MCN 机构签约，MCN 机构即利用自身资源为运营者提供内容生产管理、运营管理、粉丝管理及商业变现的机构。通过平台或 MCN 机构的支持，运营者能够获得更多的资源，账号运营也能够更加规范。

3. 供应链

对于通过直播带货获得收益的运营者而言，完善的供应链是实现直播带货的前提。在供应链方面，运营者有两种选择，一是自建供应链，例如薇娅、辛巴等知名运营者就有自己的完善供应链，同时，快手平台上也有部分本身就是线下商家的账号运营者，这些运营者也有自己的供应链。二是借助平台本身的供应链，随着短视频与直播结合得越来越紧密，抖音、快手等平台也自建了自己的供应链，运营者可在其中开设自己的小店实现直播带货。

打造 IP 能够提升变现能力，同时 IP 变现也离不开流量、资源和供应链的支持。为了更好地实现 IP 变现，运营者可以借助平台与 MCN 机构的力量，获得流量、资源及供应链支持。

11.2　如何做好 IP 变现

要想做好 IP 变现，首先要打造出具有差异性的 IP，深化粉丝对于 IP 的认知。运营者要为 IP 贴上标签，塑造 IP 价值观，并通过极具个性的短视频或直播内容强化 IP 人设，通过持续的内容产出不断强化 IP 属性，使 IP 逐渐成熟。成熟的 IP 具有强大的影响力和变现能力。

11.2.1　为 IP 贴上标签，塑造价值观

为 IP 贴上标签是十分有好处的，标签能够向粉丝传达更加清晰的身份特征，强化粉丝对于 IP 的认知，增强粉丝对于 IP 的信任，同时精准的标签能够实现精准的引流。

如何为 IP 贴上标签？这里有几点建议。

首先，标签要表明 IP 的定位、内容特点等。运营者要对 IP 有一个清晰的定位，明确 IP 所处的领域、IP 的内容风格等，以此确立 IP 的标签。

例如，快手号“辛有志 辛巴818”的标签为“农民的儿子”“百姓运营者”等，这样的标签明确了自身定位，更容易增强粉丝的认同感和信任度。同时也能够顺理成章地开展直播带货，从源头降低产品价格，让利粉丝。再例如，快手号“散打哥”的标签为“广东省扶贫大使”“快手扶贫标兵”等，标签十分明确地指向“扶贫”“公益”，突出了“散打哥”的公益形象。

其次，要不断加强标签的差异化，不断地强化标签的辨识度，让标签更精准，精准的标签能够实现精准的引流。例如，李佳琦是美妆领域的知名IP，但他给自己的定位不是“美妆博主”，而是“涂口红世界纪录保持者”“战胜马云的口红一哥”等，这样的标签既表现出了李佳琦的成就，又将标签定位在了“口红”这一美妆领域的细分领域。这样细化的标签能够吸引更多口红爱好者的关注。

标签能够体现IP的定位、特征等，也能够体现IP的价值观，在为IP贴标签时，越细分的标签越能够精准地体现IP的特性，有利于实现精准引流。

11.2.2 强化IP人设，深化认知

在设计短视频或直播的内容时，运营者也要不断强化IP人设，深化粉丝对于IP的认知。在这方面，运营者需要设计好短视频或直播的slogan（标语），同时设计标志性的内容。

1. 设计slogan

slogan即短视频或直播的标语或口号，一个打动人心的slogan是IP的超级符号，是增强粉丝认知的一张名片，能够在潜移默化中加强粉丝对于IP的认知。运营者可以从账号属性、内容特点等方面提炼slogan。

例如，“设计师阿爽”的短视频都会以“我是阿爽，爱设计超过爱男人”为结尾；papi 酱的短视频都会有“我是 papi 酱，一个集美貌与才华为一身的女子”。运营者也可以设计一句个性鲜明的 slogan，在短视频或直播的内容中表现出来，深化粉丝对于 IP 的认知。

2. 设计标志性内容

标志性内容体现在标志性道具、标志性动作、标志性 BGM（背景音乐）三个方面，这些都可以增加 IP 的辨识度。

（1）标志性道具：“朱一旦的枯燥生活”是当前火热的短视频 IP，在其系列短视频中，劳力士手表几乎是每期短视频中都会出现的道具。在许多剧情中，这一道具不仅体现了朱一旦在剧中的身份，也成为推动剧情发展的关键道具。在许多粉丝的心中，提到劳力士就会想到朱一旦，想到“朱一旦的枯燥生活”这一 IP。

（2）标志性动作：标志性动作在“麻辣德子”的系列短视频中有充分的体现。“麻辣德子”这一账号会制作并分享许多美食，在每期短视频中都会有擦灶台的动作，并且主人公德子会双手合十感谢粉丝，这都成为其短视频的标志性动作。

（3）标志性 BGM：标志性的 BGM 也能够成为粉丝的记忆点。例如“朱一旦的枯燥生活”的系列短视频采用的 BGM 为《美丽拍档》。

设计独特的 slogan 和标志性道具、标志性动作、标志性 BGM 等标志性内容，能够从多方面加强粉丝对于 IP 的记忆，强化 IP 人设，体现出 IP 的差异性。

11.2.3 不断强化 IP 属性

增强 IP 属性能够明显增强粉丝的迁移性。例如，“同道大叔”就强化了自身的 IP 形象，增强了粉丝的迁移能力，所以“同道大叔”在制作了脱口秀节目后，同样吸引了不少微博上的粉丝。想要增强短视频的 IP 属性，运营者可从以下三个方面考虑，如图 11-2 所示。

图 11–2 如何增强短视频的 IP 属性

1. 确保持续产出优质内容

内容是整个短视频运营过程中最重要的一环，无论账号发展到哪个阶段，输出优质内容都是一个 IP 能够稳定存活的必要条件。只有账号能稳定存在，才有机会考虑如何朝超级 IP 进化。

打造出多个超级抖音 IP 的运营公司“洋葱集团”，曾亲身实践过这个道理。洋葱集团秉持着以原创内容为核心能力的宗旨，一手打造出“办公室小野”“代古拉 K”等多个抖音超级 IP，而极具传奇色彩的“代古拉 K”更是仅用一个月的时间就突破了千万粉丝。

洋葱集团刚刚招进“代古拉 K”时，她还只是一个在校大学生，最初洋葱集团给予她的设定就是具有亲和力的、温柔的青春女大学生，前两个月，“代古拉 K”的抖音账号一直处于默默无闻的状态。

洋葱集团在保持“代古拉 K”自然生长之外，开始有序地通过内容创作团队来进行详细的策划，给外界输送有意义、具有正确价值观的内容。正是有了这样的内容创作，才使得“代古拉 K”能一举突破千万粉丝。

洋葱集团的创始人聂阳德曾说过：“洋葱集团是一个内容生态公司，我们注重内容创作者的成长，洋葱集团作为运营的工具，担任的仅仅是土壤的角色。优秀的内容创作人才才是运营不断向前迈进的主要条件。”

他同时也说，内容本身虽然具有可复制的特性，但一个真正的大 IP 的形成靠的不可能仅仅是复制。在需要土壤栽培的前提下，只有具备良好的内容创作理念，才能够持续不断地输出优秀的内容，进化为超级 IP。

2. 品牌烙印不断加强稳固

如果维持优质内容是重要前提，那么稳固品牌烙印就是必要手段。只有让品牌紧紧地镌刻在粉丝心中，才有机会打造出令人瞩目的超级 IP。

papi 酱最初将自己的昵称打造成一个品牌，然后在这个品牌之上注入几个独有的特点，在其后的发展中，不断地锤炼重复这几个特点，使得品牌烙印深入人心。当大家一听到“一个集美貌与才华于一身的女子”这句话时，脑海中就会出现 papi 酱。

这就是品牌烙印不断加深的效果，papi 酱从最初的搞笑视频小博主，到如今的横跨各大短视频平台的超级 IP 红人，其成功的因素固然有很多，但有一个不能够忽略的因素就是她在运营自身的过程中，一直在加强稳固自身的品牌烙印。

3. 保证运作模式的健康

除了以上两点，还有不得不提的一点就是“运作循环”的保证。当运营步入正轨以后，必然会出现合适的运作模式，确保这种模式能够健康地循环下去，是保证运营机制不被打破的重要基础。

运营当中的良好循环模式就如同工厂的车间循环，倘若某个节点出现差错，那么车间一定会出现不可估量的损失，而导致进度停滞不前。在运营过程中，如果哪一个环节出现了错误，一样会导致运营面临功亏一篑的危险。在后期的运营过程中，要保证机制的正常运行，还需要妥善地对机制进行优化。

总而言之，强化 IP 属性是一个非常长远的目标，运营者应注重以内容为王、加深品牌烙印、保证健康的运作模式这几方面的内容，才有可能实现成为超级 IP 的目标。

11.2.4 “一条”的 IP 变现之路

“一条”是一个极具影响力的短视频平台，其创始人是被称为文艺青年的徐沪生。在打造“一条”的过程中，徐沪生无疑是成功的，他曾说：“做‘一条’的初衷就是要为国内创造一批‘不娱乐、不搞笑、不那么低端’的生活类视频。现在，国内的视频 99%都是娱乐、综艺，再看美国的视频，生活类的、实用的，教你怎么烧菜、化妆、旅行、骑车类的占到一半。”由此可见，徐沪生对“一条”有着独特的打算。

在“一条”的粉丝中，很大一部分都是注重生活品质的中产阶级，为了迎合这些粉丝的需求，同时也是为了弥补自媒体领域的缺口，“一条”所选取的场景往往都比较文艺、高端，充满着浪漫气息。

中产阶级是收入处于中等水平的一个阶级，这个阶级的概念比较抽象，其生活模式更是难以具体定义。然而，自从“一条”出现以后，中产阶级的生活模式就有了定义，那就是富含美学的极高品质。

在制作方面，“一条”打破了之前固有的观点，选择具有新意的“杂志化视频”。所谓“杂志化视频”，是指用缓慢的镜头切换及高标准的场景摆设，让每一帧截图都可以成为一张明信片。这样人们可以在观看视频的同时获得美的享受。

在 LOGO 设计方面，“一条”力求简单清新，不过分夸张，将黑白作为主体色调，而且没有添加任何色彩图案进行修饰。这样的设计与“一条”的文化内涵——“简单而精致”高度相符。

为了给“一条”一个最精准的定位，徐沪生进行了非常细致的调查研究。在最开始的时候，他其实想制作以人为主体的视频，但是由于实践过程中出现了很多难以解决的问题，所以还是放弃了这一念头。经过和团队的多次讨论，他最终还是决定制作以生活为主题的视频。

另外，“一条”之所以会选择中产阶级作为目标群体，主要就是因为徐沪生自己就属于中产阶级，对这一阶级有着深刻的了解。他知道中产阶级的喜好、习惯，在这样的基础上才可以制作出真正有吸引力的视频。

为了获得更加丰厚的盈利，在吸引了足够多的粉丝以后，徐沪生还建立了一个名为“一条生活馆”的电商网站。在该电商网站上，各个种类的产品应有尽有，而且还进行了细致的划分。这也就意味着，除了接广告，“一条”又发展出了一种变现手段，能促进自身的更好发展。

无论是生活、潮流还是文艺，只要是中产阶级关心的方面，“一条”

就会有所涉及。因此，通过观看“一条”的视频，中产阶级可以寻找到自己生活的缩影，而其他阶级也可以对中产阶级的生活有更加深刻的了解。对于“一条”来说，这不仅有利于加深阶级之间的关系，还有利于扩大自己的粉丝范围，更好地实现变现。

11.3　规模化 IP 的变现攻略

当短视频账号发展成为 IP 后，其价值会大大提升，变现方式也更加多样，知识付费、推出衍生品、接广告或出售版权等，都可以为运营者带来收益。运营者可根据账号的定位和内容，选择合适的变现方式。

11.3.1　知识付费：做更有价值的内容

知识付费是 IP 变现的常见方式，即运营者借 IP 吸引大量粉丝，通过短视频或直播推广专业知识，并通过直播形式开设付费课程，以此获得盈利。“秋叶 PPT”就是通过这种模式取得盈利的典型案例。

“秋叶 PPT”属于提供专业技能价值的账号，通过短视频向粉丝讲述 PPT 制作的技巧，吸引粉丝的关注并销售付费课程。目前，“秋叶 PPT”在抖音拥有 280 余万粉丝，抖音平台也成为其变现的重要阵地，如图 11-3 所示。

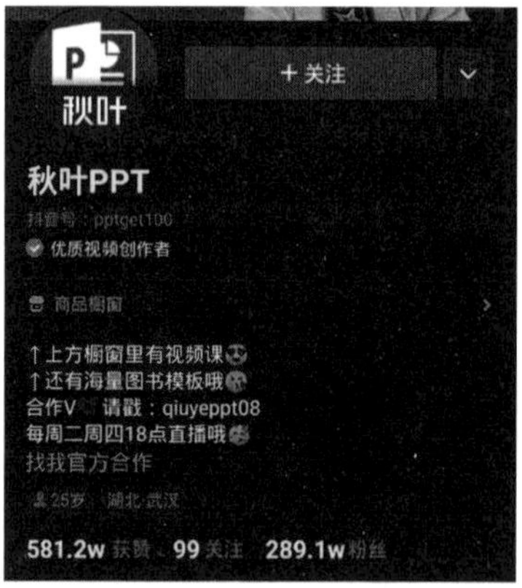

图 11–3 “秋叶 PPT”抖音账号

让粉丝接受付费课程并非是一件简单的事情，只有让粉丝看到课程的价值，他们才会愿意为课程付费。“秋叶 PPT”在抖音上传了《PPT 实用系列教程》短视频，如图 11-4 所示，每一期短视频只讲一个操作，其优势在于通过碎片式的内容向粉丝展示专业度，既能让粉丝在最短的时间内掌握一项小操作技巧，又能起到宣传产品的作用，使更多粉丝被短视频吸引，进而购买完整课程。

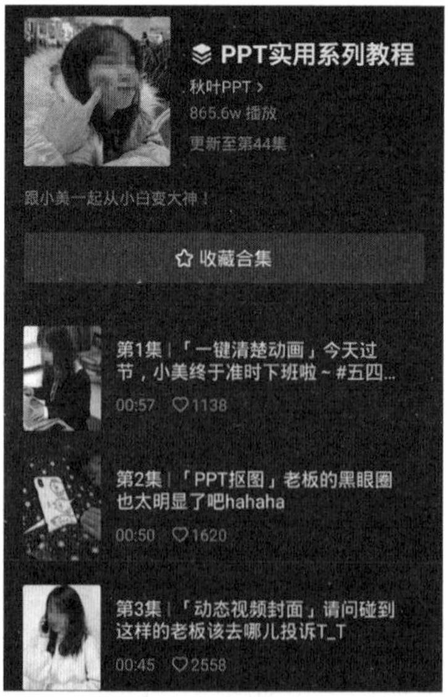

图 11–4 《PPT 实用系列教程》短视频

除了“秋叶 PPT”，“艺生欧巴的声乐课”也是通过知识付费实现变现的成功案例。“艺生欧巴”是沈阳音乐学院的一名教师，该账号的短视频都是围绕声乐技巧展开的，“艺生欧巴”会在短视频中教学生演唱一首歌曲，通过歌曲来讲授相关的声乐技巧，例如如何唱好戏腔、如何推动歌曲感情等。

如图 11-5 所示，该账号的页面中设有“艺生欧巴的声乐课”的课程专区，点击进入即可报名其付费声乐课程。

图 11-5　“艺生欧巴的声乐课”快手账号

“艺生欧巴的声乐课”与“秋叶 PPT”类似，二者都是依靠短视频展示专业知识，让粉丝了解自己的定位及教学实力，通过这样的运营方式实现变现。

要想通过知识付费实现 IP 变现，就要展现出知识的价值。运营者需要通过短视频将部分知识要点传递给粉丝，让粉丝认识到课程的价值，吸引粉丝购买完整课程。同时，运营者需要建立完整的课程体系，包括学习教材、教师讲解、答疑解惑、随堂作业、课程实践、考试考核等环节。此外，除了销售线上课程，运营者还可以通过销售相关教学书籍获得收益。

11.3.2 周边产品：IP 周边变现

在 IP 逐渐成熟之后，产品的营销及 IP 的影响力必然已经具备相当规模。这时就可以考虑借助 IP 制作周边产品，并对周边产品进行大规模的宣传推广，进一步提升 IP 影响力，将周边产品的市场做大做强。周边产品有很多类型，包括玩偶、抱枕、衣服、笔记本、手提袋等，开发周边产品在扩大 IP 影响力的同时也会实现 IP 变现。

以动画为主要形式的短视频运营者，可以根据动画形象推出玩偶。例如，《捡到一个小僵尸》是由“声夜食堂”制作的系列短视频，其中可爱的主人公小僵尸在广大粉丝心中留下了深刻的印象，深受大家喜爱，以小僵尸为原型制作的玩偶也获得了不错的销量，如图 11-6 所示。

图 11-6　小僵尸玩偶

同道大叔是极具影响力的 IP，周边产品变现也是其 IP 变现的重要方式。同道大叔设计的 12 星座的形象深受粉丝喜爱，这为其同款卡通漫画形象衍生品的开发奠定了基础。同道大叔的周边产品多种多样，包括玩偶、服装、水杯、笔记本等，如图 11-7 所示。

图 11–7　同道大叔周边产品

同道大叔以十二星座 IP 形象与江小白、民生银行、资生堂、雅丽洁、亚朵酒店等百余家企业建立起了合作，为合作方带来了品牌溢价和销量增长，也使同道大叔衍生品销量猛增。

通过衍生品盈利，利用的是粉丝对于 IP 的喜爱心理，在购买同类产品时，这些粉丝会更加愿意购买 IP 的周边产品。IP 的影响力影响着周边产品的销售，同时周边产品的销量也会影响 IP 的影响力。运营者需要合理运营 IP，逐步扩大 IP 的影响力，实现 IP 影响力与周边产品销量的相互促进、相互提高。

11.3.3　广告：内容中的创意软植入

在 IP 有了一定的粉丝基础及影响力之后，运营者也可以通过接广告的方式实现变现。在这方面，运营者需要注意以下两个问题。

首先，运营者要根据 IP 的定位、内容和粉丝群体选择合适的广告。

例如，电子产品测评类账号可能会接一些手机广告，而美食类账号则会接一些食品、厨具相关的广告。广告产品与短视频定位相关，这样一方面便于运营者将产品融入短视频中，另一方面也更利于粉丝接受。

例如，“徐大sao”作为B站知名的美食UP主，其内容与美食密切相关，其植入的广告产品也与美食相关。2020年8月5日，“徐大sao”发布的短视频中就有芬达的广告，饮料与美食关联性较强，因此芬达出现在美食短视频中并不会让人觉得突兀。同时，在内容的安排上，“徐大sao”用芬达腌制了大蒜，将广告与短视频内容结合在了一起，并向粉丝推荐了“芬达大蒜”的新吃法。

其次，运营者要将广告巧妙、合理地安排到短视频中。运营者要讲好一个故事，在故事中自然地植入产品信息，在保证故事内容完整、广告信息突出的同时，越能突出创意的内容越能打动人。

“大连老湿王博文”以夸张的表演风格、幽默的短视频内容深受粉丝的喜爱，其短视频涉及师生关系、就业问题、地域文化差异等，专注于演绎“家长里短”“社会百态”，题材十分丰富。例如，在《家长会的意外》这一期短视频中，“大连老湿王博文”一人分饰多科老师，主要对老师开家长会时常用的话进行总结表演，“这次的英语特别简单”“80%的考点我都讲过”等“老师经典语录”被他演绎得惟妙惟肖。

在植入广告时，“大连老湿王博文”依旧能够保持短视频的高质量。例如，《身边有一个喜欢炫耀的人是一种什么体验》这期短视频主要讲述4个同寝室的女孩互相攀比化妆品的故事，其中一个女孩由于虚荣心过强着急买化妆品，结果被代购欺骗，心心念念买到手的化妆品是假货，导致皮肤严重过敏。这时，“大连王老湿王博文”借故事中角色之口，对一家海外代购App进行推广宣传，看到此处的粉丝纷纷表示“已经下载”“广告来得猝不及防”。

“大连工老湿王博文”并没有强行推广产品，而是结合自己一贯的视频风格把产品巧妙地植入到短视频中。随着剧情的发展，粉丝也会产生“我应该在哪购买正品”的想法，这时再将产品插入到短视频中，既与短视频内容巧妙融合又能保证短视频的质量。由此可见，运营者要想通过内容打动粉丝，应加强短视频内容与粉丝的联结，促进短视频与粉丝间的情感传递，使粉丝更容易接受产品。

总之，在通过广告实现 IP 变现时，运营者首先要选择与短视频内容相关度强的产品，同时要将广告信息巧妙地融入短视频内容中。除了要保证短视频内容的完整、流畅，还要保证短视频内容的质量。此外，将广告内容植入得越有创意，越能够受到粉丝的喜爱。

互联网趋势变化很快，变的是方向，变的是方法，变的是战略，唯一不变的是流量。我们应该拥抱新趋势、新方向，流量在哪里，我们布局的赛道就在哪里。趋势的作用大于能力，想到就去做，行动才能出结果。想的都是问题，做才能解决问题。即使未来没有了快手，没有了抖音，没有了淘宝，也一定是有了更好的平台出现，我们唯一要做的是紧随趋势变化而变化，立足当下！

图书在版编目（CIP）数据

短视频+直播 : 内容创作、营销推广与流量变现 / 周英英著. — 北京：电子工业出版社，2021.4
（数字化生活・新趋势）
ISBN 978-7-121-40725-3

Ⅰ. ①短… Ⅱ. ①周… Ⅲ. ①网络营销 Ⅳ. ①F713.365.2

中国版本图书馆 CIP 数据核字（2021）第 040991 号

责任编辑：周　林
印　　刷：三河市鑫金马印装有限公司
装　　订：三河市鑫金马印装有限公司
出版发行：电子工业出版社
　　　　　北京市海淀区万寿路 173 信箱　　邮编：100036
开　　本：720×1000　1/16　印张：14.75　字数：188.8 千字
版　　次：2021 年 4 月第 1 版
印　　次：2023 年 2 月第 6 次印刷
定　　价：60.00 元

凡所购买电子工业出版社图书有缺损问题，请向购买书店调换。若书店售缺，请与本社发行部联系，联系及邮购电话：（010）88254888，88258888。

质量投诉请发邮件至zlts@phei.com.cn，盗版侵权举报请发邮件至dbqq@phei.com.cn。

本书咨询联系方式：25305573（QQ）。